パパの月収25万円でも、
家族が幸せになるマイホームの建て方

家づくりとハワイとルイ・ヴィトン

はじめに

お客様に本当に喜んでいただける
家づくりとは何か？

私の理想は、お客様が家を建て、
たまには家族でハワイにも行き、
ヴィトンのバッグなどを
買って帰られるような生活を送ることです。

そして、単なる「ハウス」が、
充実した「ホーム」としての歴史を
培って欲しいと願います。

錯覚の達成感に酔う人は家を建ててはいけません

「うん？　家づくりとハワイとルイ・ヴィトン？」

「これは、いったい、なんの本？」

首をかしげながら、本書を手にした方もいらっしゃるのではないかと思います。

私は、別に奇をてらってこんなタイトルを付けたわけではありません。

長年にわたって工務店を経営し、数多くのお客様に接してきた私の中では、「家づくり」「ハワイ」「ヴィトン」という3つのキーワードは、強い関連性を持って結びついているのです。

とくに若い人にとっては、ヴィトンのバッグや財布、ハワイ旅行、そして家づくりというのは、いずれも憧れの存在だと思われます。

中には、「ヴィトンよりグッチやプラダがいい」「ハワイよりヨーロッパ」という方もいらっしゃるかもしれませんが、これらはあくまでも憧憬の象徴だと考えてください。

いずれも高嶺の花ではありますが、この3つの中で、一番手の届きそうな場所にあるのがヴィトンのバッグや財布です。そこで、とくに若者はついつい背伸びして、ヴィトンを手に入れます。

そして、「ああ、これがヴィトンか。とうとう手に入れたぞ」と、一時的な達成感に酔い、自分が一回り大きくなったような錯覚に陥ってしまうことがあります。しかしそこには月々のローン返済が待っていることも少なくないはずです。

一時的な達成感！

その感覚が、ときとして家づくりの邪魔をし、失敗に導いてしまうことがあります。同じ感覚で家づくりに臨むのは大変に危険なことなのです。

実際にいるのです。ブランドもののバッグや財布を手に入れるのと同じような軽い気持ちで、家を手に入れようとする若者が。そんな彼らに待っているのは家庭不和や離婚、そしてローン破産です。

ハウスがホームへと進化する

ハワイというのは、誰でも一度は行ってみたいリゾートです。世界中にあるリゾートの中でも最も身近な存在で、まさにシャングリラのイメージが溢れている場所でしょう。新婚旅行や会社の旅行で一度でもあの島の空気を味わった人は、「もう一度、行きたい」とリピーターになり、中には移住してしまう人もいるようです。

ところが多くの人は、そうたびたびハワイに行けるものではありませんよね。とくに家を持ち、ローンに追われると、頭の中からハワイという存在を消してしまうはずです。

私の理想は、家族でハワイに行ける家づくりです！

新居が完成すると、インテリアやエクステリアを工夫しながら、家（ハウス）を自分流に色づけして行きます。家の色づけをするだけで、楽しい時間が過ぎていくわけです。

子どもが生まれれば、子ども部屋をメルヘンの世界で演出してあげ、その子が成長すれば家族みんなで、芝生の庭でバーベキュー。子どもの嬌声と夫婦の笑い声。こうして、屋根と壁と床板に囲まれただけだった家（ハウス）は、自分たちで培った家庭（ホーム）へと進化していくわけです。

それが一段落すると、

「たまには温泉に行きたいよね」

「旅行に行きたいね」

となってくる。


どこに行くか？

その究極の旅先としてハワイというシャングリラが存在するのです。

ハワイに行けば高級ブランド品や、もちろんヴィトンのバッグや財布が待っています。

家づくり、ハワイ、ヴィトン。

その3つを現実のものとするためには、しっかりとした人生設計をしなければなりません。

中でも重要なのが資金計画。家づくりをするにあたって、背伸びをした資金計画を立てるのは絶対にタブーです。

言い方を変えれば、他人の視線を意識して、見栄を張る必要はないということ。ヴィトンのバッグをローンで買う感覚の延長線上で、家を買ってはいけません。

そうではなくて、「自分たちが幸せになれる空間を確保するんだ」という程度の心づもりさえあれば十分なのです。

家を手に入れて、たまには家族でハワイに行き、ルイ・ヴィトンなどの高級ブランド品を手にする生活。

それを実現するためにはどんな考え方をすればいいのか？

何をすればいいのか？

家づくりとハワイとルイ・ヴィトン。

本書には、その3つのキーワードを可能にするためのヒントが込められています。

2013年11月

細田俊美

目次

chapter 2

chapter 3

家づくり43の鉄則①
幸せな家づくりの第一歩
スタート前の下準備と工務店の選び方

chapter 4

家づくり43の鉄則②
心に余裕を持たせる
住宅ローンの考え方と土地の選び方 135

chapter 5

家づくり43の鉄則③
居心地のよい空間にする
間取りの考え方と設備や収納のひと工夫 183

chapter
1

夢ではなく現実を知る

「完成見学会」に行こう!

ハウスメーカーの住宅展示場は、現実とは遠い、
いわば夢のお城です。
家づくりを考えている方は、ぜひ、
お客様の新居をお借りして開催される
「完成見学会」に足を運び、
リアルなイメージを広げてください。

尾張で一番元気な街！

まずは、私たち細田建築のある一宮市の紹介をしておきたいと思います。

愛知県北西部の尾張地方に位置する一宮市は、２００５年に尾西市と木曽川町との合併により誕生した人口約38万人の政令指定都市です。

街のシンボルは、２６００有余年の歴史を誇る真清田神社と、市北西部を流れる木曽川沿いにそびえる高さ１３８メートルの『ツインアーチ１３８』。２０１３年１月には、駅前に尾張地方の新たな玄関口として7階建ての『iビル』が誕生し、市の文化拠点として賑わいを見せています。

近隣都市の名古屋とはＪＲ（尾張一宮駅）と名鉄（一宮駅）の両駅、そして国道22号線でつながっています。

電車でもクルマでも、名古屋までの所要時間は10～15分という便利さもあり、近年は名古屋市のベッドタウンとしての役割を果たしています。

合併以来の人口統計を振り返ってみても、人口は右肩上がりで増加していて、現在の人口は約38万人。とくに小さなお子さんのいる若い夫婦の転入が人口増の原動力になっており、地方都市の過疎化が不安視されている中、一宮は数少ない「元気な街」として注目されているようです。

若者たちも戻ってきました。

数年前までは近隣の名古屋や岐阜に客を奪われ、駅前はどこの地方都市にでも見受けられるようなシャッター商店街が続き、閑散としていたのですが、このところ若者向けのおしゃれなショップも新たにオープンするようになり、街を歩いていても随所に今風の若者たちの笑い声が響くようになりました。

街が元気になれば、若年層が戻ってきます。若年層が戻ってくれば子どもたちの姿も目に付くようになり、街はますます元気になります！

日本三大七夕まつりの人出は、130万人超

一宮は、もともとは市内・真清田地区にある真清田神社を中心に広がった門前町でした。

真清田神社の祭神である天火明命（あめのほあかりのみこと）の母神・萬幡豊秋津師比売命（よろずはたとよあきつしひめのみこと）は織物の神様として知られていますが、その加護のおかげか、この地方では平安時代から織物が盛んで、江戸時代には縞木綿や絹織物の産地として全国的に知られた存在でした。

明治時代以降は工業化された毛織物産業の中心地として急速な発展を遂げ、かつては「女工の町」と呼ばれたこともあります。昭和30年代までは町中にチンチン電車が走っていて、朝夕の出退勤時には電車の中は女工さんで溢れ、町中の歩道は女工さんたちの姿で埋まっていたそうです。その余韻でしょうか。一宮市はほかの都市と比較して女性人口が多いのが特徴です。

繊維産業の衰退とともに、織物・紡績・繊維工場の跡地は住宅地に姿を変えていきま

したが、現在でもその名残はうかがえます。

たとえば、「のこぎり屋根」の建物。三角屋根をスパッと半分に切り落としたような独特の形状のものが幾層も連なる屋根で、屋根のある面とは反対側の上部に採光窓を備えた構造になっています。

これは織屋さんの工場として使用されていた建物で、自然光は目にやさしく、織った布地の確認に最適であることから、このような形状になったそうです。

市内各地にはまだ2000棟あまりの「のこぎり屋根」の建物が残っていて、一宮の風物詩ともいえる存在ですが、やがては姿を消していくのでしょう。

工務店経営に携わる私としては、この「のこぎり屋根」の行く末が気になって仕方ありません。一宮出身者の中には、「のこぎり屋根」が原風景として残っている。そしてDNAの中に宿る原風景は、心に安らぎを与えるはずです。

もうひとつ、織物の町の残像を色濃く残しているのが『おりもの感謝祭一宮七夕まつり』でしょう。

織物と因縁の深い牽牛・織女にちなんだこの祭りは、毎年7月の最終日曜日を最終日に、4日にわたって全市を挙げて繰り広げられますが、飾りつけの豪華絢爛さは仙台・平塚の七夕まつりと並び、「日本三大七夕まつり」のひとつに挙げられ、毎年130万人を超える人出で賑わいます。

祭りは年々盛大になっていく印象を受けます。

やはり、街の活性化と歩調を合わせるのでしょうか。

そんな一宮市内には、若い夫婦やシニア層に向けたマンションや一戸建てが次々に建設され、住宅市場は全国レベルで見ても非常に活況を呈しています。とくに駅から徒歩5分圏内のマンションなどは即日完売の人気ぶり。そして大小さまざまな工務店が参入してきています。

住宅展示場は、夢のお城だ!

今、一宮市内にはたくさんの工務店がありますが、私の認識では、それらはA、B、

C、D、Eの5つのランクに分けられると思います。A→B→C→D→Eとランクが下がるにつれて、会社の規模や商圏が小さくなり、年間施工件数も少なくなります。

細田建築ですか？

商圏は一宮市と稲沢市の地域限定。依頼があれば名古屋市にも出向く程度です。

年間の契約件数は40〜50棟で、5段階の分類に従えば、DとEの中間くらいの小規模工務店です。

それぞれのランクの特徴を簡単に紹介しておきましょう。

まずはAランクの工務店。

これは全国ネットでテレビCMを流していて、皆さんも名前を聞けば、「ああ、あそこか」と、社名をすぐに思い浮かべるような大手の工務店で、私たちは「ハウスメーカー」と呼んでいます。積水ハウスや住友林業、トヨタホーム、パナホームなどが、このAランクに含まれます。

♪せきす〜い、ハウス♪

と歌う例のＣＭなどは、私の耳にもこびりついています。

ここは立派な住宅展示場を用意していて、モデルハウスの玄関をくぐれば、

「すごい！」

「ああ、こんな家に住みたい！」

誰でも一時の夢に浸れるはずです。

ハウスメーカーが迎えてくれるモデルハウスにはゴージャスで機能的な家具やインテリア、そして豪華パンフレットも用意されていて、まさに夢のお城、ＶＩＰのお住まいなのです。

この種の工務店は自社オリジナルの建築工法やデザインを持っていて、パーツの開発や生産まで自社で行っているのが特徴です。工業化によってマニュアル化されていますから、大工が手作りで家を建てるよりもスピードが速い。そして、一定レベル以上のクオリティが保証されます。

家だけで３０００万円も５０００万円もかけることができるような人、つまりお金がふんだんにある人なら、このハウスメーカーに施工を依頼することをお勧めします。お

金さえ支払えばあなたの夢がかなうはずですし、後々のアフターサービスやリフォームも安心してお付き合いできるはずです。

Aランクの工務店は会社の理念も、施工内容も、現場監督のきめ細かな配慮も、営業マンの接客姿勢も完成されています。

過去、住友林業に施工を依頼したお客様が、職人さんに缶コーヒーの差し入れをしました。すると、その夜、現場監督からわざわざ次のような電話がかかってきたそうです。「今日はご親切にも職人に差し入れをしていただき、ありがとうございます。皆、喜んでいました」

ささいな差し入れに、丁寧なお礼の電話。施工主は感激していました。

会社の教育が徹底しているという証でしょう。

それに、テレビのCMでもおなじみの積水ハウスや住友林業が建てたとなれば、周囲の皆さんに対しても鼻高々で、一種のステータスにもなります。

実際、ヴィトンのバッグやBMWといったブランド品を購入するのと同様の思い入れで、ハウスメーカーと契約するお客様もいるのです。

ただしこれだけは覚えておいてください。

ハウスメーカーであっても、実際に施工するのは下請けの工務店です。中には2次請け、3次請けの場合もあり、その際に発生する中間マージンはお客様が負担することになります。また、テレビで流すCMや豪華パンフレットの費用も、まわりまわって、結局は客の負担となるのです。

家は「ハウス」と「ホーム」の両方の役割を果たす

しかし世の中には、「高いからいい」という人もいます。

高いから安心。高いものを入手したからサクセス！　年収が高いから、あの人は優れた人物である、などと価値判断の物差しをお金に置く人がいる。そういうタイプの人は、高いものを入手することをひとつのゴールとみなし、一時の達成感に酔って自分を見失ってしまうことがあります。

「ついに、ヴィトンのバッグを手に入れた！　夢がかなったわ！」
「ロレックスか。やはりモノが違うよな！」

モノの力によって、自分のステータスが確立されたかのような錯覚に陥ってしまうのです。そういうタイプの人にとっては、その品を本当に自分のものにするために払い続けねばならないローンの重みなど、ブランド品の輝きに包み隠されてしまいがちです。

バッグや時計ならまだいいとして、その物差しを家にも当てはめるというのは違うのではないかと思います。

普通の感覚からすればちょっと信じられないことかもしれませんが、背伸びしてAランクの工務店に施工を依頼して、ローンの重みに悲鳴を上げ、やがては手放さざるを得なくなったような人が実際にいるのです！

ゴールの先にあるのがローン破産や家庭不和や離婚だったとしたら、なんのための家だったのかという思いに駆られてしまいます。

家を入手するというのはゴールではなく、じつはスタートなのです。

入手した家というのは、あくまでも床と壁と屋根のある「ハウス」です。

そのハウスを拠点として、どんな「ホーム」をつくるのか？

リビングの団欒は、どのような家族の歴史を培うのか？

ハウスの先には、自分たちが築き上げるホームという長い長い道のりが続いているのだということは、忘れてほしくありません。


私たち工務店とお客様の付き合いも、上棟式を終えて、引き渡しを終えてからが新たなスタートです。

そのあたりの私の考え方は、後章で改めて紹介しましょう。


もっとも、価値基準の物差しをお金やステータスに置くのは個人の自由ですから、他人がとやかく言うことではありません。

ただし、そういうタイプの人がうちのような小規模工務店に来たら、はっきりと言って差し上げます。

「そんなにお金があるんやったら、うちではなくて、積水ハウスや住友林業に頼みなさい。間違いないですから」

お客さんはきょとんとした表情を浮かべますが、それが私の価値観なのです。

「人」と契約を結ぶのが、小規模工務店だ！

Bランクに該当するのは一条工務店やタマホーム、アキュラホームといったところでしょうか。

業態はAランクのハウスメーカーとほぼ同じですが、独自の工法は持っていなくて、在来工法（木造）で家づくりをするのが特徴。全国的な知名度や受注する棟数はAランクの工務店に匹敵しています。

一方、Cランクの工務店は、小規模ながら自社の展示場を持っていて、限られた商圏で独自の活動をしています。アイフルホームやアエラホーム。そしてアサヒグローバル。

皆さんもどこかでその名前を耳にしたことがあるのではないでしょうか。

A、B、Cまでは商圏が複数の県にまたがり、1店舗で年間に50～100超の件数を扱っています。従って従業員数も多いはずです。

D以下の工務店はあくまでも地元に根を張っていて、年間件数は5棟から30棟。受注するのは、お客様との共同作業で作り上げる注文住宅。中には棟梁が一人だけで、施工件数が年間1～2棟という堅実な工務店もあります。

Dランク以下で契約件数が50棟いけば、おそらくその地域ではナンバー1の工務店ということになるのではないでしょうか。

では、AランクとEランクの工務店にはどんな違いがあるのか？

結論から言えば、さしたる違いはありません。裏を返せば、日本の大工の腕はそれだけ優れているということでもあります。

あえて違いをいえば、A、B、Cランクの工務店の扱う家は、いわば規格化された工業化住宅なので、誰が建てても同じような住宅がつくれるということくらいでしょう。皆さんの周囲にも新たに開発された土地に、似たような住宅がずらりと立ち並ぶ一帯があるはず。あれがAランク、Bランク、そしてCランクの工務店が手がけた仕事です。

さらに言えば、AランクやBランク、Cランクの家というのは会社との契約ですから、お客様の顔を知っているのは営業担当者だけで、下請けの工務店や、その工務店が管轄する職人さんたちはお客様の顔を知らない。どんな家族が住むのかを知らないケースも少なくありません。職人さんがいくら丹精込めて家をつくっても、そこに住む人の顔が見えないのです。

一方、D以下の小規模経営の工務店のお客様は、会社ではなくて人間と契約するところがあります。

私の会社の事務所の壁面には、今手がけている物件に住まわれるファミリーの写真をペタペタと貼っています。

会社の代表である私はもちろんですが、営業担当も経理の人間も、インテリアコーディネーターも職人さんも、そして職人さんを総括する現場監督も、朝夕この写真を見ることになる。そして、無意識のうちに「自分は、このファミリーが喜ぶ家を建てているんだ」というイメージを脳裏に刷り込まれることになります。

細田建築ではとくに、社員やスタッフ全員が、すべてのお客様の顔を脳裏に刻み込むよう徹底しています。

職人が、建てる家に「心」を込める時

私も大工上がりですからよく分かるのですが、大工さんというのは、施工主に感謝されることを至上の喜びとします。

上棟式の時のファミリーの上気した顔。

引き渡しの時の、ファミリーの晴れやかな表情。

あるいは、数年たって自分が手がけた家の近くをクルマで通りかかった折に、庭の芝

生の上でペットをまじえて楽しそうに過ごしているファミリーの様子を垣間見たような時、

「ああ、あの家を手がけてよかった」

と、自分の仕事にある種の感慨を覚える。

感慨は誇りに通じるものです。

おそらく、そこに住むファミリーの顔を知っていれば、材木に墨を打ってほぞを刻む工程ひとつとっても、丁寧さや精緻さが違ってくるのではないかと私は思っています。手を抜こうと思えば、いろんな手の抜き方があるのが大工の仕事ですが、釘一本打つにしても、施主の顔を知っていればより〝いい仕事〟を意識するもの。つまり、建てる家に職人の「心」が入るのです。

小規模工務店に依頼するなら社長との相性が大事

ハウスメーカーの手がける家はマニュアルに従いますから、どうしても似通った表情になってしまいますが、小規模な工務店の場合、とくに設計に関しては、社長の考え方が色濃く投影されるという特徴があります。

ということは、小規模の工務店に依頼する場合には、その会社の社長の人間性や考え方と相性が合うかどうかの判断が重要になるでしょう。

たとえて言えば、ヴィトンやシャネルといったブランドもののバッグを販売するのがA、B、Cの工務店だとすれば、小規模工務店というのは「マイバッグ」を手がける革工房です。

お客の要望をじっくり聞いて、まずは材料に使用する革を選定。その上で好みのデザインに仕上げる。お分かりのように、バッグを革工房に依頼する際には、職人さんとの相性がものを言うはずです。

お客様の立場に立って言えば、小規模工務店に依頼する場合は、家づくりの仕様やノウハウだけでなく、社長の人格をよく見定めることです。といっても、さして難しいことではありません。要は相性の問題。直感で、

「この人となら長い付き合いができるな」

と感じさせる社長が率いる工務店を選択することです。

ビジネスの現場でも、初対面で、「この人となら、一度お酒を飲んでみたいな」と感じさせられるような人物がいるのではないでしょうか。

「住宅展示場」と「完成見学会」の違いは、リアリティがあるかどうか

前にもお伝えしたように、ハウスメーカーの住宅展示場に用意されているのは夢のお城です。

建坪が60～70坪もあるような家は、確かに見栄えはいいのですが、地価が思い切り安価な田舎に建てるか、よほどの資産家でない限り、実現は不可能でしょう。

とはいえ、これから家を建てようとする人の気分は高揚しています。そして、どこに依頼するかの選択肢も豊富です。

そこでほとんどの人は、一度は住宅展示場を訪れ、夢に酔うはず。そして営業マンにコストを聞かされて、一気に夢から覚めるはずです。

私たちは、ハウスメーカーのような立派な展示場は持ちません。

その代わり、実際に建てていただいたお客様の新居をお借りして、未来のお客様に見学していただいています。それが「完成見学会」です。

住宅展示場で夢を見て、夢から覚めてこの「完成見学会」に足を運んでくださるお客様も多いのですが、そこにはリアリティがあります。


たとえば30坪の家。都会ではごくごく標準的な広さですが、30坪の土地を平面だけで見た時には、目の錯覚で実際より狭く感じます。ところがそこに家屋が建てられたとき、どう感じるか？

狭いと感じる人も、広いと感じる人もいるでしょうが、

「ああ、これが建坪30坪の家なんだ！」

と、現実を実感していただく。住宅展示場からチャンネルを切り替えて、リアリティを実感していただく。

すべてはそこから始まります。

玄関の広さはこの程度でいいのか？
階段の形状や手すりの感じはどうか？
キッチンは動きやすい構造になっているか？
お風呂は1坪の広さでいいのか？
洗面&脱衣所は、この程度のスペースで不自由はないか？

完成見学会に足を運ぶことにより、それまで漠然としたイメージしかなかったものが現実味を帯びるはずです。

基礎工事の状況が確認できる「構造見学会」

細田建築では完成見学会に先立って、家づくりの肝である骨組みの状態を見ていただく「構造見学会」を実施しています。

時期的には、上棟式を終えておよそ1か月後。

屋根、梁、サッシをつけ、外壁のパネルを貼って金物を取り付け、断熱材をふいた状態で、お客様に「さあ、どうぞ」と見学していただく。床はまだ一部めくれていて、仕上げをしていない状態。つまり、下地の状態を確認できる段階です。

あえて「構造見学会」を実施しているのは、基礎工事をきちんと確認し、理解していただいた上で、施工をまかせるかどうかを決めていただきたいと思うからです。

構造見学会を実施している工務店は極めて少ないと思います。

少なくともABCランクの工務店は行っていないのではないでしょうか？

OBも気軽に足を運べる完成見学会

私たちは完成見学会用に社員手作りのチラシを作成して、折込広告として新聞にはさみ込んでもらい、一宮市や稲沢市の住民に告知します。

５万枚はさんで、費用は30万円程度。住宅展示場にモデルルームを常設する費用に比べれば、安いものです。

チラシはＯＢや見込み客、施工中の皆さんにもダイレクトメールで送ります。その総数は、２０１３年の7月時点で約１６００通。つまり１６００という数字が、なんらかの形で私たち細田建築と接点のある方々だということになります。

ＯＢですか？

ここでいうＯＢというのは、細田建築の施工で既に家を建ててくださった方々のことです。

既に建てた人を相手にしても商売にならないではないかと感じられる方もいらっしゃるかもしれませんが、前にもお伝えしたように、私たちと施主様の関係は、引き渡しを終えてから新たにスタートするのです。

実際、ＯＢの方々の中には、特別の用事はなくても、

「やあ、やあ」

「遊びに来たよ」

という感じで、完成見学会の会場に遊びに来てくださる方がいらっしゃいます。

家を建てた時はハイハイしていた赤ん坊が幼稚園の年少さんになっていたり、ほっそりしていた奥方が貫録十分の体型になっていたりと、「ホーム」の歴史が感じられて、それはうれしいものです。

ちなみに、細田建築が施工を手がけた案件のご家庭には、離婚したカップルはいません。自己破産して住宅を手放した方もいません。それが私たちの自慢のひとつでもあります。

その日は、社長の私はもちろん、営業社員、インテリアコーディネーター、現場監督、大工、あるいは不動産担当まで、社員総出で未来のお客様をお出迎え。妻や娘まで動員することもあります。

ほかにも基礎業者、水道設備業者、左官屋さんといった業者さんが顔を出すこともあ

ります。

そして、会社のクルマもマイカーも総動員して、依頼があればご指定の場所まで送迎しています。

話しかけず、ひたすら待つのが仕事の営業マン

私たちは、新居の庭先に紅白の横幕とテントを張り、テーブルと椅子を用意して、お客様をお迎えします。お子様向けには金魚すくいやスーパーボールすくい、あるいは団子やわらび餅と飲み物を用意して、そこはちょっとしたお祭り会場です。

セキュリティ上の配慮から、まずは受付で名簿に名前と住所を記入していただきます。その上で、必ず使い捨ての手袋と足カバーをお渡しします。なにせ、ほかのお客様の新築物件ですから、見学の際にささいなそそうもあってはならないからです。

あとは、お客様に邸宅の内部を自由に見学していただきます。

営業マンがお客様の後ろに従い、セールス口調で話しかけるようなことは絶対にしません。私自身、たとえば洋服を買いに行ってショップの店員さんにセールストークを浴びせられると、その店で買う気が失せてしまうような性格の持ち主だというせいもあります。

ただし、水回りの説明をするために、キッチンに業者さんが立っていることはありますし、建材メーカーのスタッフも家の中にいて、疑問点があれば丁寧に応対します。

私も営業マンも、ほかのスタッフも、外のテントの中でお客様をじっとお待ちしています。

はい、私たちは待つのが仕事（笑）。

完成見学会は月1回の開催。多くの場合2日間限定です。

その間、新規、再来（リピーター）、ＯＢ、そして会場のご近所の方々を合わせて、平均で１００組近い皆さんにご来場していただけます。

営業マンは、リピーターの顔はほとんど記憶していて、

「あっ、あの方はこのあいだの見学会にもいらっしゃっていたよな」

「見込みあるね」

などと、互いに会話を交わしたりしていますが、それでもこちらから声をかけることはありません。

向こうから声をかけられれば、テントの中にご案内して、初めて商談をはじめるのです。

もちろん、中にはそのままお帰りになるお客様もいらっしゃいます。

完成見学会の目的は、現物をその目で確認していただくことにより、あくまでもお客様の不安、疑問、気になる点を解決していただくためのもので、売り込みが目的ではありません。

豪華パンフレットの代わりに手書きのプレートを

私たちは豪華なカタログやパンフレットは持ちません。

そんなものにお金をかけるくらいなら、１円でも安くしたい。それに何より、目の前にカタログがある。私たちを信じて家づくりを託してくださったお客様の家がカタログだと考えるからです。

ただし家の中には、段ボールに手書きしたプレートや立て看板を用意しています。
まず、玄関口には、
『来てくれてありがとう』
の立て看板。

居間に入れば、壁に、
『なぜあなたはこの会場におこしになられたのですか？
家づくりで何か悩みがあるのですか？
もしかしたらその答えがココにあるかもしれません。』

寝室には、

『この家は注文住宅です。
あなたが家族と幸福に暮らしたい家はどんな家ですか？』

トイレのドアには
『あなたの今の生活で、家を建てることはできますか？』

そして子ども部屋には、
『あなたの家づくりの何か参考になれば、私たちはうれしいです！』

そんな手書きの文句を記した紙が貼られています。
すべて社員総出で考えた文案です。

あるいは、
『家づくりはほとんどの方にとって一生に一度の大切なお買い物です。
絶対に失敗することはできません。

私たちは、自分たちの体験と住宅の比較見学会、勉強会やさまざまな書籍などを通じて得た知識を皆さんにお伝えしますが、あなた様とのご縁をいただいたからといって、訪問営業をしたり、強引な売り込みはいっさいいたしません。

なぜなら、家というのは消費者の方々が自分自身の裁量で自由に選択するものだからです。

私たちはお客様から、「あんたのところにまかすよ」と言っていただける会社であることを望んではいますが、どこで建てたとしても、あなたの大切な家づくりが成功されることを心よりお祈り申し上げます』

そんな感じで、私自身の思いを記した立て看板を室内に用意していることもあります。

あなたの今の生活で、家を建てることができますか？

お客様から声がかかれば、テントの中に用意したテーブルを挟んで、私や営業マンがお相手します。

まずは、意志の確認。

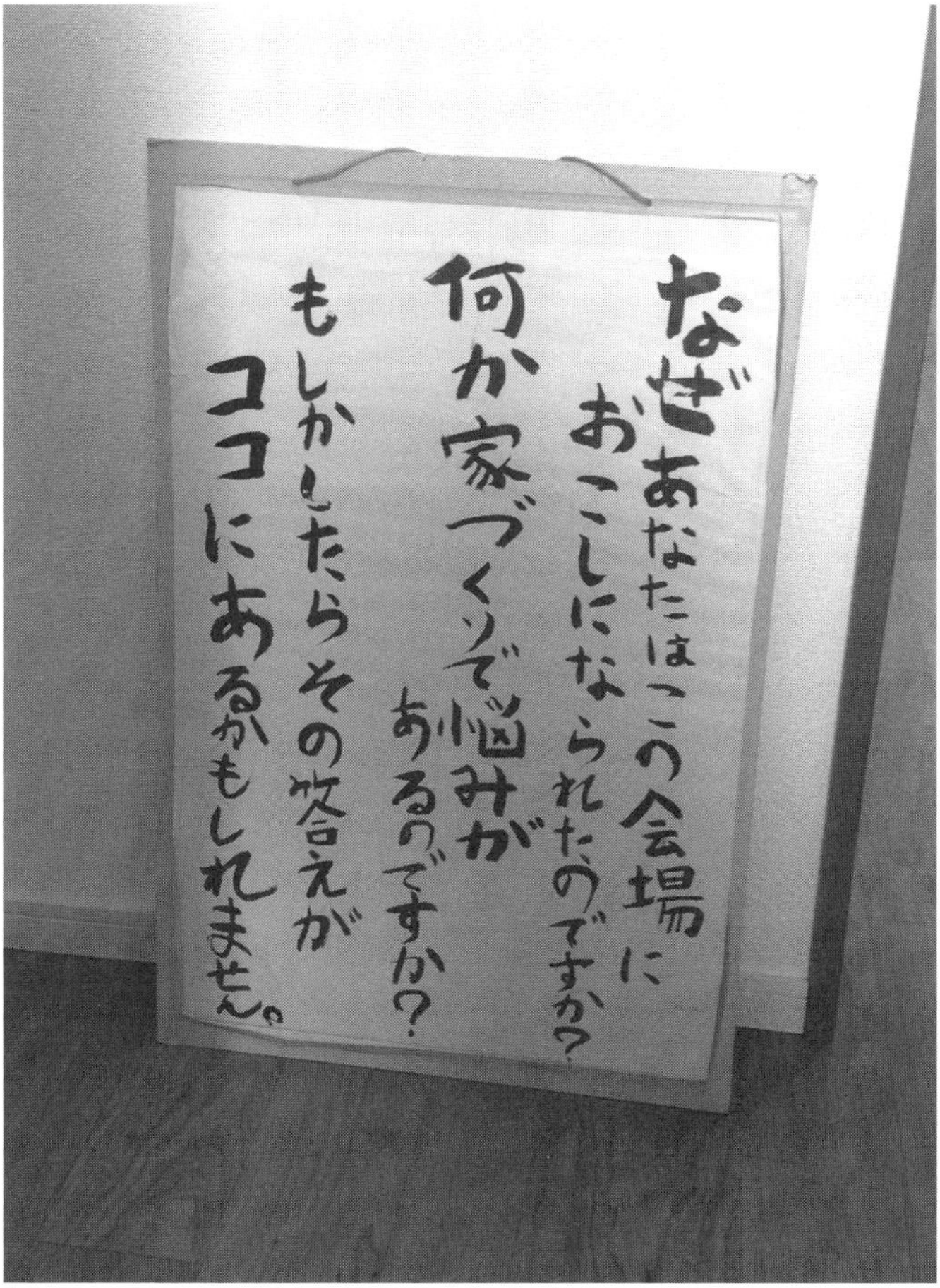

なぜあなたはこの会場に
おこしになられたのですか？
何か家づくりで悩みが
あるのですか？
もしかしたらその答えが
ココにあるかもしれません。

細田建築が開催している完成見学会の家の中には、段ボールに
手書きしたさまざまなボードがおかれている。

こちらから、

「どうして家を建てたいの？」

と、質問します。

「友達が建てたから、僕もそろそろかなと思って……」

「親が、早く建てろとうるさいから」

「家を建てれば、一人前とみなされるから」

そんな感じで、家を建てる動機づけを他人の視線や周囲の評価に託すような他動的姿勢な方に対しては、

「もういちど、よ〜く考えてごらん」

「家を建てるのはあなたですよ」

と、〝気付き〟を促します。

家を建てるということは、あくまでも主体的な行為であるべきだと思うからです。

よくあるのは、

「今、アパートに住んでるんですけど、毎月家賃を払うのはお金をドブに捨てるような

ものだから、自分の家を建てたいと思って……」

という答えです。こんな人に限って、頭金のことを考えてないことが多い。

そういう方には、きちんと説明してあげます。

「家賃を払う代わりに住宅ローンを払うことになるんだよ。でも、最終的には家というのは資産としては残らないんだよ」

「え～っ？」

「20年も住んだら、家の資産価値はゼロだよ」

「そうなんですか！」

「家を建てる土地だって、20年後の資産価値なんて誰にもわからない」

「土地は値上がりするんじゃないですか？」

「そんなこと、誰にもわからないよ。もしかしたら値下がりする可能性もある」

「……」

「ところで、頭金は用意してるの？」

「これから、親とも相談して……」

「当分は、今のアパート住まいでいいんじゃないの」

その場でお引き取り願うこともあります。

尾張地方という土地柄、南海トラフによる大地震を警戒する人もいます。

「こちらにお願いした場合、地震対策は大丈夫でしょうか？」

「大地震が来たなら、どんな建物でもどこかいたみますよ」

「どこも同じなんでしょうか？」

「大手の工務店でも中小でも、それは同じ。どこが建てても、大地震が来ればいたんでしまいます」

「そういうものなんですか？」

「でもうちは、万が一壊れたとしても命だけは助かる家づくりを心がけています。たとえていえば、竹というのはしなやかで、なかなか折れないでしょ。その竹のしなやかさを意識した構造を心がけています。木造なら、それが可能なんです」

「地盤は大丈夫なんでしょうか？」

「現代の建築基準法には厳しいものがあって、地盤が脆弱なところには家は建てられないことになっています」

「そうか、命を守れる家づくりか……」

「そうです。私たちはそれをテーマに家づくりをしてます。でも、大地震が来てもいたまない家づくりというのは、不可能です。そこまで心配するのなら家を建てようなどとは考えないほうがいいでしょう」

お分かりのように、口先だけの気休めは言いません。

事実は事実としてお伝えしています。


完成見学会にいらっしゃるお客様は、既にリアリティを心得ているお客様も多いようです。

中には20代後半で2000万円もの預金を蓄え、

「2年後には社宅を出なければなりません。子どもの小学校の学区の問題もあり、社宅を出るまでには、○○地区に30坪ほどの家を建てたいと思っています。できれば会社まで自転車で通える場所にしたい」

などと明確なビジョンを語るカップルもいます。

あるいは、

「やはり、男ですから一国一城の主に憧れがあります。住宅展示場に行って、とても無理だということがよく分かり、新聞のチラシを見て、〝ここなら〟と思ってやってきました。預金は400万円しかないんですけど、大丈夫でしょうか?」

そんな30代前半の男性もいます。

30代前半で400万円の預金があれば立派なものです。

実際、それが細田建築のコアな客層なのです。

可能性を感じさせるお客様には、

「じゃあ、来週の土曜日の午前10時。私たちの会社にお運び願えますか」

という感じで、その場で次回のアポイントをとっています。

家づくりに真剣に取り組んでいる人は、誰でも不安や疑問点を抱えているはずです。

じっくりと話をおうかがいして、不安や疑問点を取り除いてあげたいと考えるからです。

完成見学会がきっかけで家づくりを実現したお客様の声

見学会に顔を出したのがきっかけで、私たち細田建築の顧客になっていただいた方々の生の声をお伝えしましょう。

●一宮市・T氏の声

まずは見学会からですよ！

「ここで家を建てようと思ったきっかけは見学会でした。行ってみて驚いたのは、低価格なのに使用している材料の質がとてもよかったことです。細田社長が昔、大工の棟梁をしていたということも関係しているのでしょうか？

ここなら、子育て世代の自分たちにも満足のいく家が建てられるだろうと思い、決心しました。

細田建築のスタッフの方々もとても話しやすく、大工さんの腕も良くて、満足のいく家ができました。今、家づくりを考えておられる子育て世代の方はぜひ、完成見学会に足を運ぶべきです！」

●一宮市・I氏の声

何から始めたらいいのか分からなくても大丈夫です！

「おかげさまで、新しい家で新年を迎えることができます。

私たちは家を建てるにあたり、皆さんのように事前の準備はしていませんでした。たまたま家を建てる機会を与えられたのですが、何をどうすればいいのか、どこから手を付ければいいのかも分からず、困っていました。

そんな折り、友人に細田建築の見学会に連れて行ってもらったのがすべての始まりでした。既に家を建てていた友人が、〝自分とこと同じような仕様なのに、どうしてこんな値段で建てられるんだろう？〟と、不思議そうな顔をしていたのをよく覚えています。

私は、見学会に行くまでは、決まった規格の中で間取りを決めていくのだとばかり思っていました。

ところが、細田建築の皆さんに話をすると、プロの視線でいろんなアドバイスをしていただき、私が思いつかなかったアイディアを提供してくれた上で、自分の思いをすべて青写真の中に取り入れてくれたのです。

その結果、思い描いていた以上の出来栄えの新居が完成しました。たまたま見学会に顔を出し、そこで結んだ縁によって満足のいく家が出来たことに心から感謝しています。

家づくりを考えている方は、ぜひ一度見学会に足を運んでみてください。素晴らしい縁に恵まれるかもしれません」

Column 1

パパのひとりごと

あけまして おめでとうございます。

また 一つ年を重ねましたね〜 毎年 年を
重ねるのが嬉しい人、嫌な人 様々だと思います。
20才位迄の人は 年を重ねるのが楽しみで 自分の
成長を喜んでいる人が多い様です

その反面 年を重ねるのが 辛い人も
います。特に女性の方は・・・・
私は と言うと 人生の折り返しを過ぎた今、年を
重ねるのが楽しくて仕方ありません♪♪〜
この年齢で何が出来るのか？ 毎日挑戦です。体力も
脳力も肉体も精神力もすべてが充実出来て 満足も
出来る様に どんな事にもポジティブに向き合い、今
自分が出来る事を考えて行動する。折り返しを
過ぎて "生かされている" という事に気が付き
また 一つ年を重ねる。
ありがたいことです。
感謝 感謝

細田建築が毎日お客様にお送りしているニュースレターに入っている著者のエッセイ。

chapter

2

建ててはいけない人もいる⁉

幸せなマイホームを得るための心がまえ

新築ハウスの引き渡しを終えた時点で、
「ハウス」から「ホーム」へと続く
長い道のりがスタートします。
だからこそ、「錯覚の達成感」は、
いったんリセットしてもらわねばなりません。
私は、お客様に対してズケズケものを言います！
正直な気持ちで、正面からぶつかります！
おかげで、細田建築のOBに
ローン破産や離婚はありません。

高校生大工誕生！

私たち細田建築は、市内北西部を流れる木曽川の堤防下、西中野地区に本拠を構えています。目の前に木曽川の堤がそびえ、周囲は宅地と畑地に囲まれた環境ですから、来店するお客様は、

「いや〜、こんなところで会社をやってるんですか！」

「住むにはいいところですけどね……」

一様にそんな感想をもらします。

通常は駅前や市内の目抜き通りに社屋を構えるのが普通ですから無理もないと思いますが、余計なことにコストをかけないというのが、創業以来の我社の一貫した方針。その分をお客様に還元するというのが我社の理念です。

それになんといっても、この地は私が育った故郷なのです。

最近では、目の前を流れる木曽川でウインドサーフィンやジェットスキーを楽しむ若者もいるようですが、私が子どものころは、一帯はのどかな田園地帯でした。遊び場はもちろん木曽川。このあたりでも、ヒラメやスズキが釣れたものです。

私は、昭和36年の生まれです。

中学時代は設計士になりたいと思っていたのですが、高校在学中に父親が家を新築し、その時の棟梁の仕事ぶりを見ていて、大工の仕事に興味を持つようになり、高校在学中から手伝いをしていました。

私がついたのは父親の友人の棟梁。腕がいいと評判の売れっ子で、昼間は現場で造作をして、作業小屋にこもり、睡眠時間を削って材木を刻むという日々だったようです。日曜日も仕事をしていますから、学校が休みの私はアルバイトに出向くわけです。

最初は材木を運んだり、かんな屑を片づけたりの下働きですが、そのうち、

「おい、おまえ、これやってみろ！」

という感じで、材木の刻みをまかされるようになる。棟梁や先輩大工の手順を参考に、見よう見まねで刻んでいると、高校生の私でもなんとかこなせるんです、これが。

だんだんおもしろくなってきて、やがては、

「おまえ、なかなかやるな」

とほめられました。


ほめられるのもうれしかったけど、私にとってありがたかったのは仕事の後でふるまわれるごちそうと、アルバイト代でした（笑）。はい、高校生が、ちょっとまぶしい大人の世界に一歩足を踏み入れたわけです。

そんな感じで高校を卒業し、気付いたときにはプロの大工になっていました。

周囲の声に背中を押され、33歳で独立！

通常なら、一人前の大工になるには10年あまりの歳月が必要です。

私はよほど周囲の環境に恵まれていたのでしょう。それに、人様よりちょっとだけ手先が器用だったのかもしれません。2年で墨付けができるようになりました。

墨壺の糸車に巻き取られている糸をピ～ンと張り、先についたピン（カルコ）を材木にさして糸を弾き、材木上に直線を引く墨付け。大工仕事の中でも最も重要な工程のひとつとされていて、この墨付けができるようになれば一人前とみなされ、日給は当時で1万円（注・今で言えば2万円程度）いただけました。これはほかの先輩方と同じ扱い。20歳かそこらの若僧には大金です！

材木の選別やカンナ掛け、刻みなども見よう見まねで覚えましたが、大工にとっての絶対の必需品である差し金の使い方は誰も教えてくれなかったもので、私は本で学びました。

差し金の使い方というのはまさに数学の世界。眠い目をこすりながら、電卓片手に三角関数やルートの勉強をしたものです。そう、まるで受験勉強。高校時代の数学の時間は退屈で仕方なかったけれど、人間、本当に必要に迫られると勉強も苦にはならないものですね。そして、優れた職人さんというのは皆、人の知らないところで勉学に励んでいるものです。

その後の3年あまりは棟梁のもとでお礼奉公。5年が過ぎたころには1軒いくらで請け負う大工さんになっていました。いわゆる棟梁さん。難しい数寄屋造りや茶室の仕事もこなしました。

その後、10年あまりは親方のもとに籍を置き、手間請け大工としての仕事を続けました。この仕事が好きでしたし、稼ぎも十分すぎるほどでした。それに営業の必要がない気楽な立場でしたから、このままでもいいなと思っていたのですが、やがて周囲の建材屋さんをはじめとした業者さんから独立を進められ、その声に背中を押されるようにして、細田建築をスタートさせたのです。

33歳の時でした。

リーダーシップのあり方は、ボーイスカウトが教えてくれた

私は若いころから、キャンプやスキー、フィッシングといったアウトドアライフが好きです。

そのせいもあって、大工仕事の傍ら、20歳ごろからボランティアで地元のボーイスカウトのお手伝いをし、28歳の時には尾西地区の隊長を引き受けました。

団員の数は多い時で100名あまり。全国組織であるボーイスカウト連盟に加盟し、全国大会や世界大会にも参加。3本指の敬礼の仕方にはじまり、ロープの結び方、ライターを使わない火の熾こし方、テントの張り方、手旗信号、方位確認法、朝露の集め方などを指導したものです。

33歳で独立してからは、時間的にも精神的にも余裕がなくなり、ボーイスカウト活動からきっぱり足を洗いましたが、隊長を経験したおかげでリーダーシップのあり方を学

びましたね。

一言でいえば、次の2か条です。

◆リーダーというのは正直でなくてはならない！

◆部下には、正面からぶつかるべきである！

隊長時代に相手にしたのは、ほとんどが小中学校の男の子です。そう、ほんの小さな子ども。しかし、子どもといえどもなめてかかると失敗する。熱意を持って、正直にぶつからないとついてはきません。

彼らは下からの視線で見上げながら、こちらのことをじっと観察していますから、いい加減なことを言ったり、嘘をついたりするとすぐに読まれてしまう。小学校の教師を体験した方ならよくお分かりでしょうが、子どもというのは、じつは怖い存在なのです。

とにかく私は、どんな局面にあっても「子どもたちには正直な気持ちで、正面からぶつかる」ということを信念にしていました。

その姿勢がいつしか自分の中に染み込んでいて、33歳で独立し、スタッフを抱えた時もボーイスカウトの子どもたちに対するのと同じ接し方を心がけました。

もちろん、お客様に対しても同じ姿勢で接しています。

「ずいぶんズケズケとものを言うおやじだな！」と思っている若者も多いんじゃないでしょうか（笑）。

高級車でやってきたお客様には容赦なく切り込む

来社していただいた時、お客様にもズケズケものを言うことがあります。

完成見学会で「もっと具体的な話をしたい」と感じたお客様にはアポイントをとって、必ず私の会社に来ていただきます。

その時、まず見るのはお客様のクルマですね。

玄関のガラス扉の向こうに見渡せる駐車場に、どんなクルマを停めたか？

茶髪で、お尻のポケットからチェーンのついた財布をのぞかせたような若者が、エルグランドとかＢＭＷといった高級車に乗ってやって来たような場合（注・けっこういるんですよ、これが）には、ミーティングルームに入ってもらったとたん、いきなり質問しますね。

「あのクルマはローンで買ったの？」

先方は、見積もりや青写真を話すつもりで来ているのに、いきなりそんな質問を投げかけられるものですから、ぎょっとした表情を浮かべます。

「は、はい。ロ、ローンで……」

口ごもりながらそんな答えが返って来たなら、

「月、いくら払ってるの？」

「う〜ん……」

「貯金あるの？」

「そんなには……」

「クルマのローンをなくさんと、住宅ローンが組めんかもしれんけど、このクルマ、売らんかったら、家建てられんとしたら、どうする？」

「……」

「売れる？」

たたみかけます。

すると、たいていは、

「まあ、それやったら売りますけど」

頭をかくのです。


私のそんな質問に対して、下を向いて押し黙り、不機嫌な表情を浮かべるようなら、

「家づくり、あきらめようか？」

そういうと、ぶすっとしたまま本当に帰ってしまう人もいる。

その背中に、私は次の言葉を投げかけます。

「家をつくるというのは、ゴールじゃないんだよ！　スタートなんだよ！」

ずいぶん乱暴な応対だなと思われる方もいるかもしれませんが、それが私の流儀なの

です。

しかし、中には数日後、改めてアポイントの電話をかけてくる若者もいます。

一時は、３畳一間のアパートに住んでいても、駐車場にはポルシェやＢＭＷを停めているという「クルマ命」の若者がいました。若者のクルマ離れが進んでいる現在は、さすがにそんな若者は少なくなりましたが、でも、中にはいる。高いローンを払って分不相応のクルマに乗り、なおかつ家もほしいという物欲にとらわれた若者がいるのです。

分不相応にいいクルマに乗っている若者というのは、なんとかそこにたどりつくことができたという「錯覚の達成感」を味わっているものですから、なかなか、そこから降りることができません。

そんな精神構造で新たに住宅ローンを組んだりするのはとても危険です。

頭金くらいは親の援助でなんとか用意できたとしても、その先にはローン地獄が待っている。家庭を持っている人なら、妻が、ローンの重みが引き金のうつ病になったりして、そこには夫婦間の不和が待っています。

そこで、達成感はいったんリセットしてもらう。クルマを売るという行為によってローンから解放され、家をつくるという方向に新たなベクトルを向けてもらう。いわば、ふんどしを締めなおしてもらうわけです。

前にもお伝えしましたが、家というのは幸福をもたらすべき存在です。家庭不和の原因になったのでは存在する意味がありません。

私のアドバイスによって、ローンが残っているクルマを即、売ってしまう人がいます。そういう人に対しては、家づくりに対する真剣さが感じられます。

バッグを見る、財布を見る！

会社の玄関のドアを開けて入ってこられた時、どうしてもバッグに目がいってしまいます。

簡素な布バッグにモノを入れているような人であれば、

「この人はなかなか堅実な生活を送ってるようやな」

「ローン返済の心配もないんじゃないか」

歓迎する気分になります。

一方、ヴィトンのセカンドバッグを小脇に抱え、お尻のポケットから同じくヴィトンの長財布をのぞかせ、腕には金色のロレックスをはめているような若者は、それだけで、

「ああ、こいつ、ダメだな」

と、がっかりしてしまいます。長年の経験で、培われた直感なのです。

中には例外もありますが、そんなファッションにとらわれている若者の多くはカードでリボ払い中のはずです。


細田建築の顧客は、年収３００～４００万円程度の若年層が多いのですが、その年収でクルマやバッグや時計のリボ払いがあったら、まず住宅ローンは組めません。逆の言い方をすれば、そんな間違った生活態度を改める強い気持ちがあれば、家をつくることは十分に可能なのです。

パパの月収が25万円程度でも、ママの喜ぶ家が建てられる！

年収300万円程度でも家は建てられる！


だから、厳しい言い方をするのです。


私は、いつも直球勝負です！

遠慮などしません。


ブランドものの財布が尻ポケットからチラチラ見えたりすれば、

「その中、いくら入ってるの？」

財布の中身を質問することがあります。

「エ〜ッ！」

驚きながらも、

「3000円入ってます」

「昨日、妻にちょっともらったんで、１万円入ってます」

と、答える。今度は私が「エ～ッ！」と驚いて見せる番です。

「財布だけで5～6万円はするでしょう。で、中身は３０００円。変だと思わない？」

「……」

「いかんでしょう。お金がないんで、お金があるように見てもらいたいんでしょう」

ずばり言って差し上げます。

「いや、そんなわけじゃなくて……」

若者は抗弁しながら、明らかに狼狽している。そこで私は、

「そんなつもりで家づくりされると困るんですよ」

と、とどめを刺してあげます。

その一言で去っていく人は、その時点で終わり。縁がなかったということです。

はい、お客様が工務店を選ぶように、うちもお客様を選別させていただいてます。

しかし中には、いったん引き揚げた後で、２回目のアポを求めて連絡してくる若者も

います。そんな人に対しては、

「このあいだはきついこと言ったけど、あれは私の本心なの。リボ払いはこれまでにしようね。気持ちを切り替えてね」

きちんとフォローを入れるのは当然です。

唐突ですけど、貯金、いくらあります？

私の家づくりは、

『パパの月収25万円。それでもママの理想の家は建つ！』

というのが、信条のひとつ。

さらにいえば、建坪※36坪で「1398万円」。この値段で自由設計の家が建ちます。

なぜ1398万円なのかは後章で改めて紹介しますが、無駄を省けば、材質を落とさなくてもその値段で注文住宅をつくるのは十分可能なのです。

既に土地を購入済みの人や、親に土地を分けてもらえる人なら、この値段でマイホームを持つことができます。

土地のない人は、まずは土地探しから始めなければなりませんが、多くの人は50坪から70坪の土地を希望されますね。

土地の値段ですか？

場所にもよりますが、一宮市内であればいいところで坪40万円。郊外で20万円。市街化調整区域だと坪10万円といったところでしょうか。

うちにみえられるお客様の多くは、１２００万円以下の土地をお求めになりますね。

ということは、土地と建物を合わせて約２５００万円。一宮市の標準価格からすれば、かなり割安だと言っていいでしょう。

とはいえ、若いカップルにしてみれば、覚悟の必要な金額ですよね。

そのお金の現実をお伝えしないわけにはいきません。話の途中で、

「ところで、貯金はいくらあるんですか？」

必ず、そんな質問をします。

中には、絶句してしまうお客様もいます。唐突な質問に、思わず引いてしまうんですよね。次に、

「あなた、家をつくるんですか？」

と、角度を変えて質問すると、「当たり前じゃないですか。だから見学会にも会社にも来たんじゃないですか」という顔をされます。

そこで、

「じゃ、預金の500万円くらいはありますよね」

質問を重ねると、首を振って、

「そんなにないです」

「まさか100万円しかないなんて言わないですよね」

「いや、そんなもんです」

「ちょっと待ってよ。100万円しかない人が1500万円近くかかる家をどうやって建てるんですか？」

「……」

「それでも、家、つくりたいんですか？」

「いや、つくりたいですよ。絶対につくりたい！」

「どうしたらつくれると思います？」

「考えてなかったです」

「じゃあ、今あなたたちが家を建てて、ローンをちゃんと払っていけるのかどうか、もう1回来てもらってシミュレーションしてみましょうか？　お金の計算をしてみます？」

「ぜひ、お願いします！」

「それまでに、自分たちは本当に家がほしいのかどうか、奥さんと一緒によく考えてきてくださいね」

「はい」

「それから、次は奥さんと一緒に来てね」


　預貯金が１００万円しかなくても、資金計画などなくても、相手の態度に誠実さと必死さが感じられたなら、宿題を与えた上で、次のアポイントメントを入れることもあります。

※平成25年9月1日より、建坪35坪で1438万円（税込）に変更しました。

マイホームが持てるかどうか？　その答えは家計簿にある！

そして、再度の来社の日。約束通り、奥さんと一緒にやってきます。

そこでまず私は、

「自分たちは本当に家をつくりたいのかどうか、よく考えてきた？」

そんな質問から始めます。

「いずれは家を持たないといけないと思います。それが今かどうか分からないけど、今できるのならやりたいです。それができるかどうか知りたいと思って、二人で来ました」

「じゃあ、やってみましょう。でも、もしダメだったらあきらめてよ。無理して家をつくることはないいんだから」

ここでシミュレーションを始めます。

シミュレーションで必要なのは家計簿です。

細田建築では家計簿に似たオリジナルの一覧表を用意していて、それぞれの項目を埋めてもらうことにしています。

夫の給料がいくら。妻のパートの収入がいくら。それぞれのお小遣いがいくら。家賃、水道代、光熱費、食費。さらにクルマがあれば、税金、ガソリン代、駐車場代といった維持費を細かく記入してもらいます。

次に、今の家計の状態で銀行ローンを組み、仮に36坪1398万円の家を建てるとしたら、どうなるのかをシミュレーションしてみせます。

いったいいくらの住宅ローンを組めばいいのか？
今払っている家賃をローン返済に回せば、やっていけるのか？

家の建築にはオプション費用がつきものです。

＿＿＿＿＿＿＿＿様　家計収支表　作成日　　年　　月　　日

子育てホーム　(有) 細田建築

支出		毎月	毎年
	住居費（家賃・地代）	円	円
	駐車場代	円	円
	食　費	円	円
	嗜好品代（酒・タバコ等）	円	円
	外食費	円	円
	電気代	円	円
	ガス代	円	円
	水道代	円	円
	灯油代	円	円
	日用品代	円	円
	電話代（携帯電話代含む）	円	円
	インターネット代（TV）	円	円
	新聞代	円	円
	国民健康保険料（国民年金）	円	円
	保険料（任意加入）	円	円
	交通費（ガソリン・通勤・通学）	円	円
	医療費	円	円
	被服費（衣類・美容）	円	円
	教育費（学費・習い事）	円	円
	子育て費用	円	円
	趣味・娯楽費	円	円
	交際費	円	円
	おこづかい	円	円
	債務返済実額（車のローン等）	円	円
	貯　金	円	円
	自動車税	—	円
	自動車保険料	—	円
	税金（市民税・固定資産税等	—	円
	会員費	—	円
	旅行費	—	円
	その他（　　　　）	円	円
		円	円
	合　計	円	円

収入		毎月	毎年
	給　与（御主人分）	円	円
	給　与（配偶者分）	円	円
	給　与（　　　　分）	円	円
	特別な収入（ボーナス等）	—	円
	自営収入	円	円
	年　金	円	円
	雇用保険	円	円
	生活保護	円	円
	児童（扶養）手当て	円	円
	援　助	円	円
	その他（　　　　）	円	円
	その他（　　　　）	円	円
	その他（　　　　）	円	円
		円	円
	合　計	円	円

財産	預貯金	円
	生命保険	月＿＿＿＿円×12ヶ月×＿＿年 ＝ ＿＿＿＿円
	借入れ（ローン・クレジットカード等）	円
	その他（　　　　）	円
		円
	合　計	円

資金援助	＿＿＿＿＿＿様より	円
	＿＿＿＿＿＿様より	円
		円
	合　計	円

地鎮祭の費用や上棟式の経費。引越しの費用。地盤改良が必要な人もいるし、外構工事が必要な人もいる。中には解体費用が必要な人もいます。さらには家電、家具やソファを新調したいでしょうし、食器洗い機を希望する人もいる。さらに住宅ローンを組む時の諸費用がかかる。登記しなければならないので、司法書士に支払うお金が必要になります。

じつは、１３９８万円にそれらの費用を加算して全体の資金計画を立てなければならないのです。

「今の家計の状態では、月々5万円のローン返済で、35年ローンを組めば、ぎりぎりなんとかやっていけるね」

そんな結果が出たとします。

しかし、「ぎりぎりなんとか」という状況はとても危険です。

奥さんが妊娠して仕事を休めば、パート代は入ってきません。子どもができれば養育費や学費がかかります。病気やけがを考えると、保険にも入らなければならない。それでなくても、家を持てば固定資産税がかかるし、住まいが広くなった分、水道代や光熱費がかさばります。場合によっては、家の修理代だって必要になるかもしれない。

では、その種の費用をどこから捻出すればいいのか？

夫の給料のベースアップが期待できるといっても、今の世の中、給料が右肩上がりで増えるとは限りません。
長期的展望を視野に入れたライフプランを考えなければならないということ。真剣に考えたなら、クルマやブランド品を持つ余裕などないはず！

そこで、
「まずはクルマを売りなさい！」
となるわけです。

極端に言えば、ヴィトンのバッグもロレックスも売却し、できる限り背負っている荷物を軽くしてもらう。さらに、夫婦の月々の小遣いを1万円ずつカットしてもらう。食費を節約してもらう。

すると、月に数万円が浮いてきて、「ぎりぎりなんとか」が「まあ、なんとか」のレベルくらいまでにはアップするわけです。


「まあなんとか」というラインが見えると、カップルは、

「じゃあ、わたしたち、なんとか家を持てるね！」

ほっとして、晴れやかな表情を浮かべます。

そこで私は、必ず釘を刺します。

「1年や2年じゃないんだよ。場合によってはさっきのシミュレーションを35年間続けるんだよ」

「はい！」

「約束できるね」

「はい、約束します」

私たちとしては、口約束だけでは安心できません。

シミュレーションがちゃんと実行できているかどうか？
引き渡しを終えた後も、それが気になって仕方ありません。

私たちは、引き渡しを終えた後も、2か月点検、1年点検、3年点検、5年点検、10年点検と、お客様のもとに定期的に顔を出します。建物や水回りなどの点検をさせていただくのはもちろんですが、「ホーム」の様子が気になるからです。

場合によっては手土産を持参してお茶でもいただきながら、奥さんや子どもの様子をうかがっています。そして、「ホーム」の様子がおかしければ、遠慮なく口出しさせていただきます。

前にもお伝えしましたように、おかげさまで、私どもが手がけた案件にはローン破産や離婚は見られません。

OBの方が「完成見学会」に遊びに来てくれると、私たちはとても幸せな気分になり、お子さんを思わず抱き上げたりしてしまいます。わざわざ足を運んでくれるということは、家庭がうまくいっている証ですから。

妻の〝チャラ度〟を観察する

私たちは、会社に一緒にやってくる奥さんの態度もしっかりとチェックさせていただきます。

家を持つ資格のない奥さんは、すぐに分かります。社内をキョロキョロ見回して、

「なんや、パッとせん会社やなあ」

という表情を浮かべる。

言葉に出さなくても、目の色合いですぐに分かります。長いこと接客をやっていると、

「目は心の窓」という言葉の意味がよく分かるのです。

あるいは、接客用の椅子に身体をドスンと預け、いかにも、

「来たったわ」

「うちは客やで」

という態度を示す奥さん。こういうタイプははっきり言ってダメですね。多くの家庭では、一家の財布は奥さんが預かっています。その奥さんがそんな態度でいたのでは、そのカップルの未来は知れています。

まず、私は、

「何か心配なことない？」

という質問をぶつけます。返ってくる答えは例外なく、

「頭金とか月々のローンが心配で……」

やはり、お金のことです。

「土地はあるの？」

「はい、親の土地が」

「予算はいくら？」

「1300万円くらいかなあ……」

「その金額はどこから来たの？」

「分譲のチラシを見て、そんなもんかなあと思って……。友達に聞いても、そんなもんかなあと思って……」

「じゃあ、クルマ買う時も、そんなもんかなあと思って決める?」

「……」

「クルマも家も同じなんだよ」

そんなやり取りを10分ほど続けた後で、本題に入っていきます。

結婚して10年程度で400万円程度の預貯金があるカップルであれば、私は思い切りほめます。とくに奥さんをほめます。

そんな奥さんはチャラチャラしてなくて、雰囲気からして違います。必死さも伝わってくる人が多いから、こちらもなんとかしてあげたいと思いますよね。

ところが、中には例外がいるんですよ。

夫婦ともにチャラチャラしていて、とくに奥さんのほうは茶髪にピアスに、わけの分からん服を着ていてチャラチャラ度満点! 年齢を聞けば、二人ともに30歳そこそこの若さ。

「こいつら、とても無理やろ」
そう思っていろいろ話をしていたら、この二人、自己資金を2000万円も貯めていたりするのです。

夫婦それぞれが結婚前からマイホームをつくることを考えていて、生活を切りつめて500万円ずつ預金。その共通の姿勢が互いを結びつけたのか、意気投合して結婚。結婚5年で1000万円。トータル2000万円を用意しているというのです。

このカップルは、家をつくるという目的を実現するために、もちろん共働き。子どももいないし、クルマも持っていない。言われてみれば、玄関前に停めていたのは2台のママチャリでした。

そして、
「ハウスメーカーには行ってません。最初から、無駄なことにお金は使いたくないと思ってましたから……」

なんてことを、しゃらっと言うのです。


こちらがびっくりする番！

そして、自分はまだまだ勉強が足りないなと反省するのです。

「ありがとう」ではなく「一緒にがんばりましょう！」

大手のハウスメーカーは、お客様との契約を済ませた時点をゴールだと考えています。

そうでないところでも、引き渡しを終えた時がゴールだと思っているはずです。

何度も申し上げているように、私たちは引き渡しを終えた時がスタートだと考えています。


ですから、「ありがとう」の言葉は安易には使用しません。

その代わり、「一緒にがんばりましょう」という言葉をかけます。

見学会に来てくださったことに感謝します。

私たちと契約を結んでくださったことに感謝します。
でも、「ありがとう」ではありません。
「一緒にがんばりましょう」なのです。

契約を結んだ後は、お客様が希望する家を完成させねばならない。そのためには、それぞれの意見を戦わせなければなりません。私はズケズケとものを言うほうですから、時にはお客様の気に障ることがあるかもしれませんし、意見が衝突することもある。ただし、いい家を完成させるという目標に関しては、双方一致しているはず。そんな決意を表わす言葉は、やはり「ありがとう」ではなく、「一緒にがんばりましょう」なのです。

工事の途中で、あれこれ注文をつけてくるお客様もいます。
その多くは素人さんならではの注文です。
しかし、お客様の注文に対しては、納得していただけるまで丁寧に説明します。
そして、
「とにかく完成させてください。そして、とにかく1年住んでみてください。不満があるのでしたら、その時に言ってください」

「絶対に満足されるはずです」

そう申し上げています。

お分かりのように、家をつくるにあたっては、お客様と意見を戦わせなくてはならないのです。


だからこそ、引き渡し1年後の定期点検が重要なのです。

不満点ですか？

間違いなく、

「社長のおっしゃるとおりでした」

と、1年後には満足の言葉をいただいています。


必ず、値段以上の仕事をやってみせる！

そのくらいの自負と覚悟がなければ、工務店はやるべきではありません。

資金計画の大切さは、シニア層も同じです！

若い夫婦だけではなく、シニア層も私たちの大切なお客様です。

シニア層にはそれなりの預貯金のある方が多いので、

「キャッシュにしますか？　ローンにしますか？」

と質問する程度で、細かい資金計画の話はしません。

ただし、２０００万円程度の費用をキャッシュで払われるような場合、

「失礼ですが……」

そう前置きして、

「そのお金は、どんな性質のお金ですか？」

と、お聞きすることがあります。

「蓄えた預貯金ですか？　退職金ですか？　有価証券を売られたのですか？　あるいは相続ですか？」

そんな感じで質問するわけです。

それが、コツコツと蓄えたお金であれば、私もぜひノウハウを学びたい。そこで得た知識は、若いカップルにアドバイスする際に役に立つのではないかと思うからです。

中には、青写真を完成させ、話を煮詰め、夢を思い切り膨らませ、最後の最後になって、

「じつは、５００万円ほど足りないので、ローンを組みたいのですが……」

そんな申し出をするシニア層もいらっしゃいます。

シニア層でもローンを組めないことはないのですが、正直言って組みづらい。

もしも年齢や年収の関係でローンが組めないとなれば、すべてを白紙に戻して一からやり直し。後戻りするというのは、私にとってもお客様にとっても気分のいいものではありませんよね。

そこだけは、最初の段階ではっきりさせておかねばなりません。

だから質問させていただくのです。

「キャッシュにしますか？　ローンにしますか？」

お分かりのように、若いカップルだけではなく、シニア層にとっても資金計画は重要なのです。

Column 2

パパのひとりごと

春の暖かさ感じる今日この頃です。今年の冬は寒さが厳しく我家の庭にある梅も堅いつぼみで遅い春を待っています。私は沈丁花の香りが好きでこの季節を楽しみにしています。へ♪

また春と言えば出会いと別れがありますね！私のまわりにも新しい環境へ出発する人達が沢山います。私の知り合いの方の子供さんも自分の新しい活動の場所を求めて就職活動を始められました。先日その子からどんな仕事が良いか相談がありました。その時私は「まず相手（会社）の事を評価するのではなく、まず自分が辿り着きたい夢や目標を決めてなくては優良な会社に就職しても続かないよ。」とアドバイスしました。人は皆理想を持ちながら生活しています。その時に変な見栄が見え隠れして自分を大きく見せようとして背伸びをします。背伸びは不安定で今にも倒れそうです。『人は座って半畳、寝て1畳』それより大きくも、小さくもありません。私はこの言葉を常に自分に言い聞かせています。

chapter
3

家づくり43の鉄則①

幸せな家づくりの第一歩

スタート前の下準備と工務店の選び方

どの工務店を選ぶか？
それは、家づくりの重大な決断です。

家族で自分たちが理想とする家をじっくりと話し合い、
その夢を実現してくれる工務店を探すのですが、
まずは、自分たちのグレードに合ったランクの中から
３社を選んでください。
その中の１社に絞り込むには、
細かな観察眼と直感力が必要です。

以下、私が考える「家づくり43の鉄則」をお伝えします。

鉄則 1

「どうして家がほしいのか」と、まず、自分に問いかける。それが、家づくりの始まりです

完成見学会にみえられた若いカップルとテントの下のテーブルで向き合い、ご相談に乗るにあたって、まず、

「あなたは、どうして家がほしいのですか？」

そう問いかけてみると、お客様の家づくりに対する姿勢がよくうかがえます。

さまざまな答えが返ってきますが、その中で私が気になるのは他動的な姿勢です。

隣に座った妻を見やりながら、

「そろそろ家くらい持たんとカッコ悪いと嫁が言うもんやから」

そうつぶやく。

あるいは、

「親もうるさいし……」

「友だちも家を建てたし……」

「アパート住まいだと、子どもも学校で肩身が狭いやろうし……」

第三者の視線や意見、行動が動機づけとなり、それを判断の基準に置いている方が少なくないのです。

そんなご主人には、私は重ねて質問します。

「あなた自身に問いかけてみてください。自分は、どうして家がほしいのかと」

家というのは人生で一番高い買い物です。

高い買い物をするのに、衝動買いは絶対に許されません。石橋を何度でもたたいて渡る慎重さが必要なはずです。そして、結果的に橋を渡るか渡らないのか、その判断基準となるのは、あくまでもあなた自身の家に対する思い入れです。

答えはシンプルでいいと思います。

「みんなで仲良く、幸せに暮らせるように……」

自分の本音であるなら、それで十分なのです。

鉄則
2

その家でどんな生活をしたいのか？新居で休日を過ごしている自分を、イメージしてみる

どうして家がほしいのかという動機づけがはっきりしていれば、そこにプランや資金計画が付随してきます。

プラン、すなわち青写真を描くにあたって、大切なのは、「そこでどんな生活をしたいのか」というイメージです。

どんな生活をイメージしているかによって、間取りも仕様も変わってきます。

私はいつも、

「自分が理想だと思っている休日の過ごし方を、具体的に想定してみてください」

と、アドバイスしています。

たとえば、日曜日の朝。

8時ごろに起きて子どもを散歩に連れていく。

だとすれば、家の近くに小川が流れ、遊歩道が整備されている。あるいは樹木が生い茂った自然公園があるような環境が望まれるはずです。

あなたと子どもが散歩している間に、奥さんは朝食を用意します。

では、「その朝食をどんな感じで食べるのか?」とイメージする。

テレビを見ながらなのか?

庭に咲いた季節の花を眺めながらなのか?

それによって、ダイニングキッチンの仕様が変わってきます。

朝食を終えると、あなたはゴロゴロしていたいのか?

あるいは子どもと一緒に芝生の庭で遊びたいのか?

そこにはブランコがあって、子犬がいて、男の子ならキャッチボールくらいできて……、となれば庭の作り方も青写真の大切な要因のひとつになってくるはずです。

お昼ご飯を食べ終えたなら、クルマに乗ってみんなで買い物に出かけます。

買い物はその日の分だけなのか、あるいは1週間分まとめ買いするのか？

共稼ぎのカップルならまとめ買いの機会が多いかもしれませんよね。

まとめ買いの必要性があるのなら、クルマを停める駐車場と台所の勝手口との距離がなるべく短いほうが効率が良くて、奥さんは楽なはず。その希望をかなえる設計が必要になってきます。

ささいなことだと思われるかもしれませんが、日常生活というのはささいなことの積み重ね。それを軽視すると、あとで「ああ、こうしとけばよかった」とほぞをかむことになるはずです。

奥さんにとって、洗濯は日常生活の一部です。

食事の準備をしながら洗濯もするのなら、キッチンの隣に洗濯機を設置する脱衣所があったほうがいいわけですし、午後、雨が降ることが分かっていても洗濯せざるを得ない共稼ぎの家庭なら、お風呂に乾燥機の設置が望まれます。

あるいは、花粉症の症状を持つ家族がいれば、同じく乾燥機の設置が必須のはずですし、洗濯物を干すための独立したスペース、たとえばサンルームをつくっておきたいとイメージする方もいるはずです。

お分かりのように、イメージングをするのは夫だけでは不十分。奥さんにも細かくイメージングしてもらい、それを最大限反映した家づくりを心がけることです。一般的に、夫より妻のほうが家で過ごす時間は多いわけですから。

鉄則 3

夫婦で、本音で話し合う。夫と妻の意見が食い違うときは、第三者にジャッジしてもらうこと

旅は、出発の前からスタートしています。

しばらく日本食を食べられないから、空港で蕎麦かお寿司を食べて……。現地に到着したならまずはウェルカム・ティーをいただき、部屋で着替えたなら、とりあえずはホテルの周囲を散策して……、そうだ、真っ先に海に行こう！

出発前の旅のイメージングは楽しいものです。

どういう家づくりをしたいのか？

そこでどんな生活をしたいのか？

家づくりのイメージングも、夫婦で存分に楽しんでいただきたいと思います。

そして、できることなら二人のイメージをひとつの方向に統一していただきたい。ご夫婦で違うイメージを持っていると、家づくりはスムーズに進まないのです。

寝室は畳に布団がいいのか、フローリングにベッドがいいのか？
あるいは、寝室でテレビを見るかどうか？
そこで夫婦の趣向が食い違うことがあります。
さらにはクローゼット。多くの奥さんはウォーク・イン・クローゼットを希望されますが、ご主人は、「そんな部屋はいらない」と、意見が食い違うことがあります。

一番多い意見の食い違いは、なんといっても、月々のローンの返済額です。

たとえば、夫は８万円までならＯＫと言い、家計を握っている妻は「７万円が限界よ！」と譲らない。この１万円の違いはとても大きく、人生設計まで左右する。35年ローンだと仮定すると、月１万円の違いは４００万円近い差額になるのです。

ライフスタイル、そして間取りや仕様のイメージングに比べると、ローンの返済額の相談というのは、楽しい時間だとは言えないでしょうが、お金の問題というのは「どうして家がほしいのか」という動機づけと同様に、あるいはそれ以上に大切な要因です。夫婦で、リアルに真摯に相談しなければなりません。

それでも意見が食い違う場合？

細田建築の場合、二人の意見をじっくりとお聞きした上で、私がジャッジします。

鉄則 4

シンプルモダンかナチュラルモダンか？自分たちの好みを、夫婦でじっくり話し合うこと

最近の傾向として、「シンプルモダン」、あるいは「ナチュラルモダン」の家づくりを好まれるお客様が多いようです。

シンプルモダンというのは、デザインはシンプルで使いやすく、外見上、おしゃれでモダンな演出をした家づくりのこと。ナチュラルモダンというのは、いわば自然派住宅のことで、板や自然素材を多用。梁を強調し、壁板もクロスではなく漆喰仕様になっています。みなさんよくご存知のログハウスも自然派ですね。

家づくりは、同じ大きさ、同じ値段であっても、さまざまなスタイルが可能です。

自分たちが好むのはどのスタイルなのか？

夫婦で新居のイメージングする場合、大前提として、共通の好みのスタイルを押さえておくことです。

でなければ、話は前に進みません。

鉄則
5

ご両親には、家づくりのことをきちんと報告しなさい！子どもの意見は、真摯に聞きなさい！

完成見学会に何度か足を運んでいただいたリピーターの方が、ある日、ご両親をともなっていらしたような場合、私たちは身が引き締まるような思いを味わいます。

「この方は当社との契約に前向きだな」

と、感じるからです。

中には、

「へたに相談すると、何かと口出しされそうで煩わしいから」

と、親になんの相談もなしに家づくりを進める方もいますが、礼節とか長幼の序とかいう言葉を持ち出すまでもなく、人生の一大事を親に報告しないというのはいかがなものかなと私は思います。

親の立場に立ってイメージしてみてください。

なんの相談もなしに息子や娘が家を買ったという事実を後で知った時、自分たちは無視されたわけですから、いい気分を味わう親などいません。

もしも親が近くにいない場合は、電話や手紙できちんと報告することです。

「父さんや母さんが遊びに来た時のために、和室も一部屋用意しとくからね」

とでも付け加えれば、「あいつもいっぱしになったなあ」と、涙を浮かべるような親もいるかもしれません。

もしかしたら、ささやかではあっても、援助を期待できるかもしれませんよね。

何度も申し上げているように、「ハウス」はやがて「ホーム」へと進化していきます。

そして、ホームを培うにあたって、親という存在は軽視できないはずです。

子どもも同じでしょう。

「まだ、小さくて何も分からないから」

と、子どもになんの相談もなしに家づくりを進める方がいますが、子どもというのは両親を見上げながら、つぶらな瞳でじっと観察しているものです。

その事実は、私自身、ボーイスカウト活動を通じて実感したことでもあります。

聡明なカップルなら、とくに参考にはならないとしても子どもに相談し、その拙い意見にもちゃんと耳を傾けるはずです。

そこには、思わぬヒントが隠されているかもしれません。

鉄則 6

どの会社に家づくりをまかせるか？ 会社のイメージよりも、営業マンや社長との相性を重視する！

全国的に名前の通ったハウスメーカーにまかせるか、それとも地元の中小工務店に施工を依頼するか？

家づくりは買い手市場ですから、選択肢は豊富にあります。

資金がふんだんにある方は、有名ハウスメーカーに依頼すれば、まず間違いないでしょう。そのブランド力は周囲に対するアピール材料にもなります。

しかし多くの人は住宅展示場を訪れてみて現実に直面し、結局は地元の中小工務店に施工をまかせることになるのではないでしょうか。

地元の工務店も多種多様です。構造を重視するところもありますし、デザイン重視の工務店もある。自然素材を売り物にしたところもあれば、四角い形状の家を好むところ、あくまでローコストを意識したところなど、さまざまです。

では、決め手は何か？　何を判断の基準にするのか？

前にも説明したように、中小工務店の場合は社長や営業マンとあなたとの相性が最も重要な要因です。

施工中はもちろん、引き渡しを終えてからも長い長い付き合いが始まるわけですから、相性というのは何十年も尾を引くことになる。その後も時候の挨拶くらいは交わしたくなるような社長や営業マンのいる会社に依頼したいものです。

ハウスメーカーは会社と付き合う。

そして、人と付き合うことになるのが、中小の工務店です！

鉄則7

地域密着の工務店は、悪い評判が立つような手抜き工事は絶対にしません！

Aランクの大手ハウスメーカーの商圏はとても広いので、その地域に同じ社屋や看板が存続したとしても、所長や社員の顔ぶれが転勤で入れ替わることが珍しくありません。B、Cランクのビルダーさんも、営業マンがよく入れ替わります。

その点、D、Eランクの地域密着型の工務店は、社長が代替わりする以外は営業マンの顔ぶれはほとんど変わりません。だから、何かあった時に電話しやすいし、リフォームやメンテナンス、建て替えの相談もしやすいはずです。

そして地域密着型の工務店は、その地域で悪い評判が立つような手抜き工事や詐欺的なことは絶対にしません。

限られたエリアで仕事をする場合、悪評というのはあっという間に流布します。地域に密着して仕事をしている工務店にとって、悪評は会社の存亡にかかわるのです。

鉄則 8

3つの工務店に話を聞きなさい！それ以上の会社に話を聞くのは、迷ってしまい、結局は逆効果です

お客様の中には、まずAランクのハウスメーカーの住宅展示場を見学し、そこで出てきた見積もりを見てビックリ！　これは無理だということで、B、Cランクの工務店に顔を出し、さらにD、Eランクの工務店と、総計10何社もの会社を回ったあげく、結局はどこに頼めばいいのか分からなくなってしまったという方がいます。

あまりに念入りに自分たちの理想の工務店を探し求めるあまりに、迷路にさまよい込んでしまうわけです。

工務店選びで賢明な方法は、まず自分たちの希望するグレードは「Aランク」なのか「B&Cランク」なのか、あるいは「D&Eランク」なのかを峻別し、そのランクの中

の3社くらいに声をかけ、値段やデザイン、そして社長や営業マンとの相性を判断基準にして決定することです。


Ａランクのハウスメーカーに施工を依頼したい！

どうしてもハウスメーカーのブランド力がほしいから、内心では最初からハウスメーカーで建てると決めているお客様もいます。

しかし、見積もりの金額が自分たちの懐具合とはあまりにかけ離れている。

そこであえてＤ、Ｅランクの工務店にも見積金額を出してもらい、それを盾に、ハウスメーカーに値引き交渉をするというお客様がいるのです。

お分かりのようにＤ、Ｅランクの工務店を駆け引きの道具として利用するわけです。


そういうお客様の多くは、家づくりに失敗しています。

ハウスメーカーというのは立派な住宅展示場を用意しています。社名がユーザーの脳裏に刻み込まれるように、繰り返しＴＶコマーシャルを流します。全国紙に広告を出しますし、豪華パンフレットも用意しています。当然、スタッフ数も多いわけで、彼らを扶養しなければなりません。あるいは株主に対する配当も念頭に置かざるを得ません。それらの負担を背負うのは、結局はお客様です。

仮に値引き交渉が成功したとしても、あなたの希望はまずかなわないはず。ハウスメーカーが、儲けのない仕事をするはずがありません！

余裕のある人はハウスメーカーに依頼すべきだと思います。

しかし、ブランド力がほしいあまりにほかの中小工務店を駆け引きの材料にするというのは、本来の家づくりとはかけ離れた考え方だと言うほかありません。

繰り返し強調しますが、自分のグレードに合った工務店3社に声をかけて、その中から1社を選択すべきです。

そして残りの2社に対しては、

「私たちの家づくりにぴったりなのは○○社でした。○○さんにいろいろと教えていただいたおかげで、失敗しない自信が出来ました。何かとお世話になり、本当にありがとうございました」

そんな感じで、お断りの挨拶をする。挨拶さえしていただければ、たとえ他社に仕事を持っていかれたとしても、「うまくいくといいな」と、陰ながら応援したくなるものです。

鉄則 9

チェックポイントは、チラシ、ホームページ、そして完成見学会です！

どの工務店にとっても、新聞にはさみ込むチラシは自社の重要なアピールの道具ですから、最大限のエネルギーを注ぎ込んで作成しています。

完成見学会に行く前に、そのチラシをじっくりと読んでください。そして、自分のグレードにぴったりだなと思ったなら、次はその会社のホームページに目を通すことです。中には、ホームページを思い切り飾りたてている会社もあります。

チラシの内容とホームページの中身があまりにかけ離れているようなら、頭の中で疑問符をつけるべきでしょう。

チラシとホームページの両方をチェックした結果、なんとなくイメージが共通しているなと感じたなら、完成見学会に行くべきです。

その結果、

「チラシやホームページと印象が同じだな」

そう感じさせる会社にまず外れはありません。

チラシ、ホームページ、そして完成見学会。これは工務店選びに欠かせない重要なチェックポイントです。

鉄則 10

完成見学会では、細かな観察眼と、直感力がものを言います！

すべての工務店が完成見学会を行っているわけではありません。

やるだけの力がないところもありますし、社長が「完成見学会などやる必要がない」と考えている工務店もあります。そのあたりは各社の営業方針なのでとやかく言うことではありませんが、私は次のように考えます。


たとえば洋服を購入する時。

最近はネット販売が普及していますから、パソコン上の映像で判断し、注文することも可能です。でも、できることならやはり現物を見て、触って質感を確認し、できれば試着をして購入したい。そのほうが間違いないわけですから、本来は誰もがそう望んでいるはずです。

家づくりも同じです。完成見学会というのは、洋服選びにたとえるなら、現物を見て、触って、試着ができる場所なのです。


洋服選びもそうですが、完成見学会ではあなたの「直感力」がものを言います。


まずは会場の空気感。

「なんかいい感じだなあ」という印象を受けたなら、最初の関門突破です。

空気感を演出しているのは人です。

中には粗品をどっさりと用意している会場がありますし、子ども受けするキャラクターグッズを目に付く場所に配置しているような会場もありますが、空気感はあくまでも社長や営業マン、そして業者さんが放っているものだと思います。


「なんかいい感じだなあ」

そう感じられたなら、おそらくその会社の社長やスタッフとあなたとの相性がいいのだと思います。

華やかに飾り立てているわりには、担当者が一人だけしかいない。あるいは社長が来場していないという完成見学会の会場もありますが、そのあたりをどう感じ取るかは、まさにあなたの「直感力」でしょう。

続いて、完成している住宅の玄関をくぐります。

この時、あなたは何を感じるか？

シンプルな家づくりを好む人もいますし、モダンを好む人もいる。和風好みもいるし、ヨーロッパ風に憧れる人もいます。玄関をくぐった時に、

「これ、これ、この雰囲気だよ！」

あるいは、

「アッ、なんか違うな」

この直感を大切にしてください。

さらにダイニングキッチン、居間、寝室、子ども部屋と回り、観察するに従って、直

感を裏付けしていくわけです。

そうか、30坪の家というのは、この程度なのか。
お風呂の広さはこの程度でいいのかな？
この部屋の寝心地はどうだろう？
和室の仕様は納得いくものなのか？

じっくり観察し、大きさを実感することも大切ですが、やはり、なんといっても重要なのはあなたの直感力。玄関をくぐったとたんに、「この雰囲気だよ！」、「なんか、私たちの思いと違う」と感じた第一印象は、さほど的外れなものではないはずです。

鉄則 11

「じゃあ、契約しましょう！」と即答する工務店には、疑問符が付きます

どの工務店を選ぶかは誰しも頭を悩ますはずですが、次の質問をしてみると、その工務店の姿勢や理念がよくうかがえるはずです。

「私は家を建てたいのですが、すぐに契約ができますか？」

この質問に対して、社長や営業マンが腰を浮かせ、

「あっ、じゃあ契約しましょう！」

即座に応じる工務店というのは、疑問符がつきます。

そして、実際には、そのように契約を最優先したがる工務店が少なくないのです！

何を根拠に契約をするかが問題です。

まず、ローンの審査に合格するかどうかが分かりません。

あるいは、資金的にお客様の希望にかなう家が建てられるかどうかも分からないはずです。

家づくりにはそのほかにもさまざまな関門があり、その関門をすべて通過して初めて契約が可能となるはずです。

「契約する前にこれだけのことをしていただかないと、あなたの家づくりが本当にうまくいくかどうか分からないので、そこまで到達した時点で契約の話をしましょう」

そう応じるのが、あるべき工務店の姿勢です。

鉄則
12

「一緒にがんばりましょう！」という姿勢が感じられる工務店を選ぶ！

前の項目でもお伝えしたことですが、家をつくるにはさまざまなハードルを乗り越えなければならないわけで、契約というのはハードルを乗り越えて、最後の最後に交わすものです。

一度や二度の面談で、

「まずは契約を」

と、契約を迫ってくるような営業マンのいる会社は避けたほうが賢明でしょう。

信頼を置けるのは、

「これからいろいろあります。一緒にがんばりましょう！」

そんな意気込みが感じられる営業マンや社長。改めて言うまでもないことですが、家づくりというのはお客様と工務店の**共闘**作業なのです。

鉄則 13

30代以上。離婚経験のある営業ウーマンは、信頼できます

このところ、住宅業界でも営業ウーマンの姿が見受けられるようになりました。

玉石混淆ではありますが、一般的に30代以上で結婚、離婚の経験あり、そして子育て中という営業ウーマンは信頼できますね。


まず、やる気がある。

主婦としてのセンスもある。

子育ての意見も持っている。

それなりの辛酸をなめているはずですから、お金のことはもちろん、さまざまな心配事に対して、よき相談相手になる。

とくに台所周辺の使い勝手の善し悪しを体験的に感じている。

そして何より、お客様に対して細やかなホスピタリティを示すことができます。

もし、そんな営業ウーマンがあなたの担当になったら、幸運だと喜ぶべきでしょう。

細田建築も、優れた営業ウーマンがいればぜひ採用したいと考えています。

鉄則 14

繁盛している工務店のほうが信頼できるかもしれないが、自分と相性が合わない場合もある

これはお客様の主観の問題です。

たとえは適切ではないかもしれませんが、たとえばラーメン屋さん。長い行列が出来ていれば、「おいしいはずだ」と、無条件で列の最後尾に並ぶ人がいます。しかし、長時間待っても、がっかりさせられることもあるはずです。

ただし、工務店選びに迷ってしまい、迷路にさまよい込んでしまったような時には、繁盛店を選択するというのは、確かにひとつの手段でしょう。「仕事は忙しい人に頼め」という格言もあります。

Column 3

パパのひとりごと 

厳しい暑さが続きますが いかがお過しですか？ お盆が終ったと言うのに気温が下がりませんね。もう少し頑張りましょう!!
夏バテを解消するのは やっぱり食べる事ですね。
その代表的なものといえば 焼肉、うなぎですかね。 
私は"うなぎ"が大好きで以前はよく食べました。
しかし今は お値段が高いのとダイエットという事でちょっと遠〜い存在になっています。私同様妻もうなぎが大好きなのですが、娘は『うなぎが嫌い』と言うのです。その理由が"うなぎには小さな骨があるから"とのことです。その娘がこのお盆休みにある出会いをしました。"うなぎボーン"です。

の骨（太い背骨）を油でカラッと揚げたビール  に合うおつまみです。浜名湖の方へ行くとサービスエリアやホテルに土産としてよく売っています。娘はこれを"うなぎの骨"とは知らずに食べて『これ美味しいね』と言ったので、私は『それうなぎの骨だよ。食べれるの』と聞くと娘は笑顔でうなずきました。
小さい頃、うなぎの骨が喉にささったのがトラウマになっていたのでしょう。
見る角度が変わると解決できることがあるのですね。
これで娘もうなぎを美味しく食べれる時が来るでしょう よかった よかった

chapter 4

家づくり43の鉄則②

心に余裕を持たせる

住宅ローンの考え方と土地の選び方

家を持てば固定資産税が発生しますし、
水道代や光熱費もかさみ、
ご近所付き合いも増えてきます。
今、預貯金がゼロで、
毎月の家賃を８万円支払っている人が、
住宅ローンに使えるお金は５万円程度でしょう。
家庭不和を招かないためにも、
しっかりとした資金計画が肝要です。

鉄則 15

家計簿をつけなさい！つけている人でも、再チェックが必要です！

81ページに紹介したのは、細田建築オリジナルの家計簿です。

これから家づくりをしようと考えている方は、まず、この図表を参考にして家計簿をつける習慣をつけてください。

既につけている方でも、紹介した家計簿が気に入っていただけたのなら、ぜひ活用してください。


家計簿をつけると、いろんな無駄が見えてきます。

家づくりに失敗しないために、その無駄を省いていただきたい！

そして、家を建てた後でも、家族でハワイ旅行に行けるくらいの余裕を持って日常生活を送っていただきたいと願っています。

一般的に無駄が目につくのは、「食費」「保険」「ケータイ料金」、そして「ガソリン代」をはじめとした車の維持費です。とくに車の維持費は出費が多いので、夫婦それぞれ1台ずつを所有しているような家庭は、その必要性を改めて検討してみるべきでしょう。

冷暖房をつけっ放しにするものだから光熱費がかさむという人もいるし、見てもいないのにテレビをつけているから、電気代がかさむという人もいます。

軽視できないのがガス料金。都市ガスに比べ、プロパンガスというのは設置する際の初期投資を回収しなければならないので、使用量がどうしても割高に設定されています。費用だけで考えると、ガスを使用するよりもオール電化がお薦めでしょう。

そのほかにも、節約できることはいろいろとあるはずです。

家を建てるのならまず家計簿をつけて、無駄を見直す作業からスタートすべきです。

鉄則 16

貯金ゼロで家賃を8万円払っている人なら住宅ローンに使えるのは5万円程度です

家計簿をつけると、月々いくらの住宅ローンなら支払いが可能かが見えてきます。

ここで陥りやすい落とし穴は、

「今、アパートの家賃を8万円払っているから、8万円までなら大丈夫だろう」

という安易な発想です。

結論から言えば、現在の家賃が8万円なら、住宅ローンに回せるのは5万円程度です。

まずは住宅ローンの金利の問題が指摘されます。

1.2%の「3年固定金利」、
30年ローンで3000万円を借りたら…

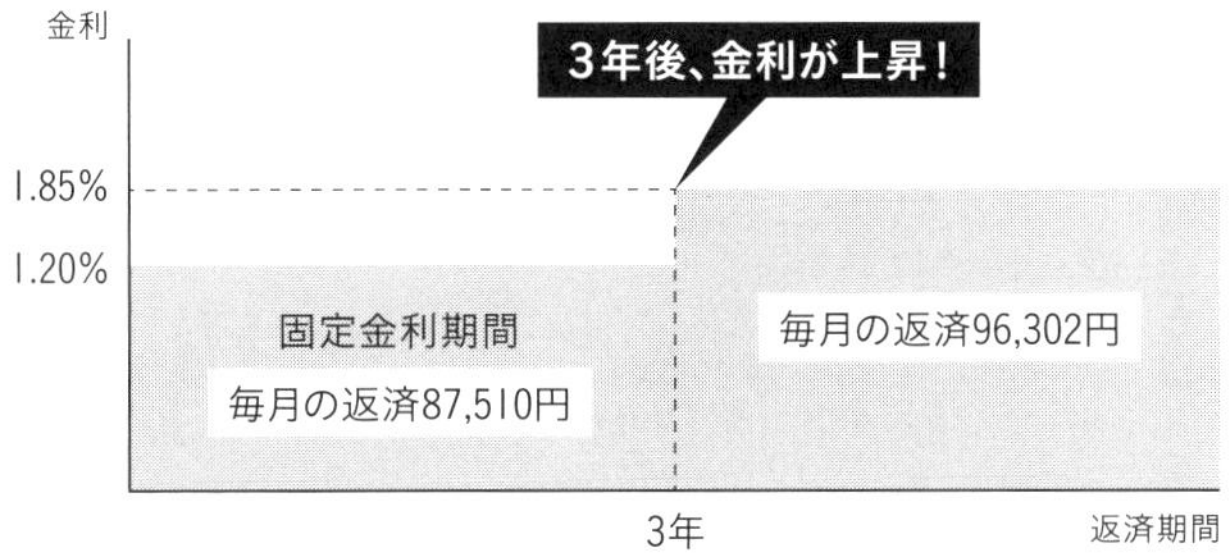

3年後、金利が上がれば、毎月の返済額が増えることも！

仮に、3000万円というお金を1・2%の「3年固定金利」、30年ローンで借りたとすると、毎月の返済額は8万7510円になります。

しかし、「3年固定金利」というのは、「3年後には金利が見直されますよ」ということ。つまり、一定期間が経過すると、金利が変動するわけです。

仮に、3年後の金利が1・85%に上昇したとしたら、月々の返済額は9万6302円にアップ。約1万円も増えることになります。

金利が変わらない「固定金利」でローンを組むという方法もありますが、こちらは変動型より高めに金利が設定されていますし、金利が下降傾向になったような時には変動型より割高になってしまうこともあります。

そして、金利というのは日本だけではなく、世界経済の影響を受けますから、将来のことは誰にも分かりません。

私たちにできることは、金利がどう動いても対応できるゆとりあるローン返済を心がけることくらいです。

金利の問題だけではありません。

家を持てば固定資産税を払わねばなりません。

部屋数が増えるはずですから、水道代や光熱費も増えてくる。

家のメンテナンスにもお金がかかるし、玄関や庭などエクステリアの整備にもお金がかかります。

家を持つということは、その地区のコミュニティの一員になるということですから、アパート生活をしていた時代に比べると、新たな近所付き合いも始まるはずです。それにともない、冠婚葬祭の費用や自治会の費用、あるいは年末助け合いなどの寄付金などが発生します。

ご近所付き合いが増えてくると、来客も増えます。そうなればテーブルの大きさが変わるし、食器の数も増やさねばなりません。

親が泊りに来れば、布団を用意しなければなりませんし、冷暖房機器も備え付けだったものが個人負担となる。そして、8年くらいで買い替えなければならなくなります。

そのように考えていくと、「今の家賃が8万円なら、住宅ローンに回せるお金は5万円程度」という理由がよくお分かりでしょう。

鉄則 17

細田建築がお薦めしている住宅ローンは、「フラット35」という長期固定金利制度です！

ハウスメーカーの多くがお客様に薦める住宅ローンは「変動金利型」の住宅ローンです。固定金利型に比べると金利が低いため、より高額の住宅ローンが組めるからです。ところが変動金利の場合、返済終了時までの返済額が変動しますので、ライフプランを立てにくいという難点があります。子どもの学費や養育費にお金がかかっているような時期にローン返済額がアップしてしまったのでは、家計は火の車になる危険性があります。

そこで細田建築では、『フラット35』をお薦めしています。

お薦め！　フラット35長期固定金利型

これは、民間の金融機関と住宅金融支援機構が提携して利用者に提供している住宅ローンの制度で、最長35年の「長期固定金利型」です。

変動金利型に比べるとやや金利は高いのですが、返済終了時までの借入金利も返済額も変動しないというのが大きな特徴。この住宅ローンを利用すれば、ライフプランも立てやすいはずです。

鉄則
18

ローン完済はいつにするのか？退職金で完済するという青写真は描かないほうが安全です

住宅ローンは最長35年まで組めますし、年齢制限は80歳までです。仮に30歳で組んだなら、返済が終了するのは65歳。サラリーマンであれば定年を迎える年齢です。

住宅ローンというのは延々と背負い続けねばならない重い荷物だということがお分かりでしょう。

その荷物はいつ降ろすのか？

ローンを何歳で完済するのか？

家をつくるにあたっては、そのあたりの青写真も描いておきたいものです。

住宅ローンをスタートさせる年齢はお客様の都合によってさまざまですが、よく耳にする青写真は、「定年までは住宅ローンを払い続け、退職金で一括返済する」というご意見です。

可能性のある青写真だとは思いますが、この意見に対しては首をかしげざるを得ません。

私は、退職金はあてにすべきではないし、年金も計算に入れるべきではないという考え方です。

仮に65歳で定年退職し、退職金でローンを完済したとします。

そして85歳まで生きるとした場合、残りの20年間はどうするのか？　年金だけで生活するのはちょっと困難でしょう。

孫への出費がかさみますし、冠婚葬祭をはじめとした突然の出費も増えてきます。また、このころになると家の床がおかしくなったり、壁紙や外壁のメンテナンスが必要になったり、家族構成の変化にともなうリフォームの必要性が生じることもあります。

少なくとも2000万円~3000万円の老後資金は必要でしょう。

年金は生活資金ですから、注ぎ込むわけにはいかない。となれば、退職金は手をつけずにとっておきたいものです。

もうひとつ、念頭に置いておいていただきたいのが、団体信用生命保険と火災保険のことです。

団体信用生命保険とは、銀行と保険会社の契約であり、ローンの借主が死亡したり高度障害になって支払能力がなくなったときに、残された家族から住居を奪わなくて済むように契約を交わす生命保険のこと。同様に、火災保険も、ローン返済中に火事になり、「家はなくなったけど、ローンは残った」という窮地を救うためのものです。

ローンを完済してしまえば、火災保険は残っても団体信用生命保険は終了します。

つまり、必要性を感じる人は生命保険に改めて加入しなければならなくなるということです。

家を建てる人には30代、あるいは40代の人が多く、数十年後のことはあまりリアルに考えていないケースも見受けられますが、住宅ローンを利用するからにはそこまで見据えておくべきです。

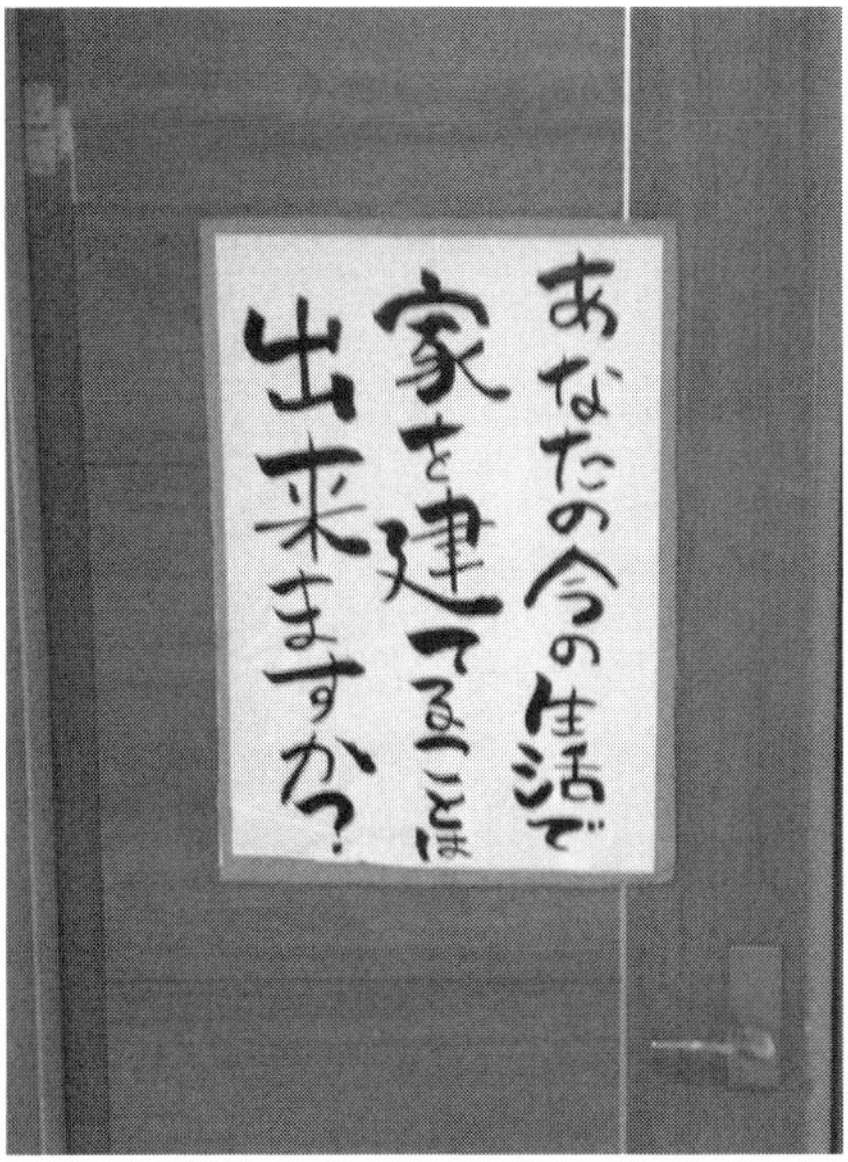
あなたの今の生活で
家を建てることは
出来ますか？
完成見学会が行われている家のドアに貼られたメッセージボード。

鉄則
19

住宅ローンにボーナス払いは組み入れるべきではありません！

サラリーマンの方が銀行の窓口で住宅ローンの相談をすると、「ボーナス払い」を組み入れることを勧められるケースが多いと思います。そのほうが多額のお金を融資できるからです。

銀行も商売をしているわけですから、なるべく多くのお金を融資して、できるだけ多額の金利をいただきたい。そう考えるのは当然でしょう。

しかし、私は、ボーナスを組み入れるような資金計画を立ててはいけないと思います。

ボーナスというのは、あくまでも余裕資金と考え、預貯金や突然の出費、あるいは自分たちの楽しみのために使うべきもので、住宅ローンの返済に回すような性質のお金ではないと思います。

また、ボーナスはあくまでも会社の業績に応じて支払われるものですから、想定した金額がもらえないこともありますし、場合によっては「ボーナスゼロ」の可能性もある。あてにしていると、ローン破産の危険性もあるということです。

ボーナスを使って、家族みんなでハワイ旅行に行けるようなライフプランが理想です。

鉄則
20

無理してローンを繰り上げ返済するより、ゆとり資金として、万が一に備えておいたほうが安心です

重い荷物である住宅ローンは、できることなら、なるべく早く繰り上げ返済して、荷物を軽くしたいものです。

かといって、あまりに無理をし過ぎると家庭がぎくしゃくしてきます。

私は、新築物件の引き渡しを終えた後も、定期的にお客様の家庭にお邪魔して雑談を交わすのですが、話題が住宅ローンに及んだ時、次のような質問を受けることがあります。

「銀行から送られてくる住宅ローンの経過報告の書類を見ると、金利ばかり支払って元金はなかなか減っていないんですよね。やっぱり、無理をしてでも、少しずつでも繰り

上げ返済をしたほうがいいんでしょうか？」

確かに元金はなかなか減りません。

1・2％の「3年固定金利」で3000万円を借り、35年ローンを組んだ場合の3年後を計算してみますと、元金は2789万2976円とほとんど減っていません。

「金利ばかり支払っている」

という意見はごもっとも。少しずつでも繰り上げ返済をという気持ちもよく分かります。

そんな時、私は次のようにお答えしています。

「相続などでまとまったお金が入ったような時、完済して身軽になるというのはいいでしょう。でも、無理して早く返すことはありません。余裕資金は万が一に備えて預金しておいたほうが安心ですよ」

家を建てるからには節約生活は必要です。

しかし、住宅ローンという荷物を一刻でも早く降ろしたいからと、あまりに無理をし過ぎると生活がぎくしゃくしてきます。それが原因で夫婦仲に溝を生じることがありますし、それは子どもに悪影響を及ぼすことがあります。

さらにいえば、夫婦の不機嫌さが言動に出てご近所付き合いがスムーズでなくなる場合もあります。

するとその家庭には負の連鎖が始まり、結局は私が最も危惧する家庭不和、家庭崩壊につながりかねません。

なんのための家づくりだったのか？

住宅ローンにとらわれ過ぎるあまりに、生活を極力切りつめる。そして、数十万単位であっても余裕資金ができたなら、即、繰り上げ返済に回すなどという考え方をするべきではありません。

数十万単位の繰り上げ返済であっても、そのたびに手数料がかかるわけですし、やはり一定金額に達するまでは預金を心がけるべきでしょう。

ゆとり資金ができれば精神的に余裕が生まれます。
余裕ができれば夫婦仲もご近所との関係もうまくいくようになり、あなたの家庭に好循環が生まれます。

無理をしてローンの前倒しにエネルギーを注ぐより、預貯金を増やすことにエネルギーを注ぐべきでしょう。

鉄則 21

家づくりには必ず想定外のお金がかかる。いくら使えるのか？家づくりに使える総金額を算出する

家を建てるだけではなく土地を購入されると、不動産屋さんへの謝礼はもちろん、場合によっては地盤改良費、水道の引き込みや浄化槽の設置などで別途数百万円のお金がかかることがあります。

住宅ローンを組めば、印紙代がかかるし保証料もかかります。ここでいう保証料とは、契約者によるローンの支払いが一定期間以上滞ってしまったような場合、保証会社が契約者に代わって金融機関にローンを支払うという制度のことです。といっても契約者はこれで債務を免れるわけではなくて、その分を保証会社に支払わなくてはなりません。

住宅ローンを組むということは、先に紹介した団体信用生命保険や火災保険以外にも、この保証料も付随してくるのです。

私は次ページに示した表をお示ししながら、家づくりにかかる費用を説明しています。

その際、必要になるのが、あなたが家づくりに使うことのできる総費用の算出です。預貯金に住宅ローンで金額を借り入れる金額をプラス。親の援助が期待できる人は、その金額もプラスして総金額を出します。

その上で、表を参考にしながら、絶対に必要な経費を差し引いていくわけです。そこにはもちろん、余裕資金の計上も必要となります。

その結果、はっきりした金額が算出されます。

それが、あなたが建てることが可能な住宅の金額なのです。

様邸　資金計画書

※資金計画書はマイホームの資金計画の目安として作成しています。見積書ではございません。

子育てホーム 有限会社 細田建築	担当者	作成日	H　年　月　日
〒494-0015	TEL		0586-69-6162
愛知県一宮市西中野字下中野207-1	FAX		0586-69-2477

建築予定地		建物種類	
延床面積	㎡（　坪）	施工面積	㎡（　坪）

●家づくり費用

1. 本体工事（施工面積） ◆36坪標準　1,398万円 □坪	建物本体	円
	（内消費税）	（　）円
	36坪以上　坪 × 35万円	円
	36坪未満　坪 × −27万円	円
	オプション工事	円
Ⓐ本体工事費用合計		円

2. 付帯工事費用(概算/税込費用)

①	屋外給排水・電気工事	本体工事費用に含む	円
②	地盤調査費	本体工事費用に含む	円
③	地盤改良工事費	50万～60万円	円
④	解体工事費	80万～100万円	円
⑤	上水道引込工事費	30万～35万円	円
⑥	水道市納・受益者負担金	□ 13φ　8万円　□ 20φ　16万円	円
⑦	浄化槽工事(もしくは下水道工事)	人槽 (設置・上部コンクリート費用含む)	円
⑧	造成工事費	□ 土留め　□ 盛り土	円
⑨	外構・造園工事費	□ブロック　□ウッドデッキ □フェンス、□土間コンクリート その他(　)	円
⑩	照明器具工事費	本体工事費用に含む	円
⑪	カーテン工事費	本体工事費用に含む	円
⑫	空調設備工事費		円 *
⑬	テレビアンテナ工事費		円 *
⑭	設計料(確認申請含む)	本体工事費用に含む	円
⑮	JIO　かし保険料	本体工事費用に含む	円
⑯	各種申請費用	長期優良住宅、適合証明等手続き費用	円
	Ⓑ付帯工事合計費用		円

3. その他諸費用(借入・建築費用)

※下記費用は、概算のため実際と相違することがあります。

①	融資事務手数料	□フラット35：融資金額×2.1%　／　□銀行融資：およそ 52,500円	円	*
②	保証料	□フラット35：なし　／　□銀行融資：およそ 金利+0.2%	円	*
③	団体信用生命保険	□フラット35：原則加入 融資金額によります(毎年)　／　□銀行融資：金利の中に含まれています	円	*
④	抵当権設定費用	司法書士(登録免許税＋報酬)	円	*
⑤	火災保険・地震保険料	火災は借入期間、地震は5年一括払い	円	*
⑥	印紙代金、各種証明書手数料	住民票・所得証明・謄本・公図等	円	*
⑦	つなぎ融資費用	□不要　必要(□土地有　□土地なし)	円	*
⑧	工事請負契約印紙代		円	*
⑨	建物登記費用	□表示 10万　□保存 4万　□滅失 4万　□移転 8万	円	*
⑩	地鎮祭費用		円	*
⑪	引越し費用		円	*
⑫	家財一式その他費用		円	*
		Ⓒ諸費用合計	円	

Ⓐ＋Ⓑ＋Ⓒ	＝	Ⓓ家づくり総額(本体工事+付帯工事+その他諸費用)	円

↓ ローン支払い総額ではございません

4. 返済計画

借入金融機関	金利(変動・固定)	毎月の返済額		返済年数		ローン借入金額
	%	円	×12ケ月×	年		円

自己資金	円	＋	ローン借入額	円	＝	Ⓔ家づくり全体予算金額　円

5. 土地購入費用

建築予定地		面積	㎡（　坪）

＜土地購入に関する諸費用＞

①	土地ご契約印紙税		円	*
②	土地登記・登録免許税他	□表示　□保存　□設定　□移転	円	*
③	各種土地申請費用	境界確定測量・農地転用 建築許可申請・開発届他	円	*
④	仲介手数料	土地代 × 3% ＋ 6万円 ＋ 消費税	円	*
⑤	固定資産税精算金	購入時期・土地の評価額によって異なります	円	*
		Ⓗ土地購入に関する諸費用合計	円	

Ⓔ − Ⓓ ＝ Ⓕ土地購入予算額　　円　　Ⓕ × □ ＝ Ⓖ土地代金　　円

Ⓖ ＋ Ⓗ ＝ 土地代金+諸費用の金額　　円　　＜　Ⓕ土地購入予算額　　円

6. 必要な自己資金

↓20万～土地代金の1割を土地融資前に支払います。土地代に充当されます。

↓自己資金として最低必要な金額になります

＊ 印のところ ＋ 土地手付金(土地代金×1割)　　円 ＝ 原則必要な自己資金　　円

鉄則
22

住宅ローン以外にどんなローンがあるか？自分のローンの現状を確認する

背伸びをするあまりに、各種のローンを抱えていませんか？

クルマのローンや腕時計のローン、あるいはブランドバッグやブランド物の洋服のローンなど、自分が今背負っているローンの現状を確認してください。

中にはクレジットカードのキャッシングを利用している方もいるかもしれませんね。

住宅ローンを組む場合、これらはすべてあなたの借金とみなされ、ローンを減額されてしまうことがあります。

あるいはノンバンクの消費者ローン。俗にいうサラ金。そのカードを持っているのはいいのですが、ここで借りているだけで、住宅ローンの審査はパスしません。月々きちんと返済していても審査に通らないことが多いのです。

だから私はお客様が乗っているクルマを見るし、財布やバッグにも細かく注意を払うのです。

背伸びをして各種ローンを抱えている人は、家づくりうんぬんの前に、まずはその生活態度を改めるべきです。

鉄則 23

どこに家を建てるのか？ 土地を選ぶにあたって、心がけておくこと

土地選びというのも、家づくりで避けては通れない関門です。

両親が所有している土地の一角に建てるような人は、それだけで難関をひとつクリアーしたことになりますが、多くの人は土地探しから始めなければならないのが現実です。

駅や商店街が近ければ通勤や買い物にも便利ではありますが、当然、地価が高い。それに、親にとって都合のいい場所が、必ずしも子育ての環境に恵まれているとは限りません。

親にとって都合のいい場所といえば、「ママ友」があげられます。

お客様の一人に、土地の相談に乗った時のことです。

「どんな場所に建てたいですか？」

と質問したところ、その母親は、

「今子どもが通っている幼稚園の近くがいい」

即座に答えるのです。

「どうしてですか？」

「ほかの場所に行ったら、お友達がいなくなるから」

「エ〜ッ！　そんな理由で？」

ママ友がいなくなるから、ほかのエリアには行きたくないと言うのです。

このケースなど、典型的な親の都合のひとつですね。


子育て経験者ならすぐに分かるはずですが、ほとんどの場合、保育園や幼稚園のママ友というのは一過性のお付き合い。永続性は期待できません。中には長い付き合いになるママ友もいるのかもしれませんが、そんな心を許せる友達なら、ほかのエリアに引っ越したとしても関係が途切れることはないはずです。

エリアブランドにこだわる人もいます。

たとえば有名な進学校のある文教地区。

あるいは最近若者に人気のブランド地区。首都圏でいえば吉祥寺や二子玉川、武蔵小杉といったところでしょうか？

こういう場所は需要が多いから、どうしても地価が高い。よほど資金に余裕のある人しか手を出せないはずです。

ブランドというのは、他人の評価によって決まるもの。一方、あなたが家を建てる土地は、あなたのファミリーのためのもの。エリアブランドにこだわって、背伸びすべきではありません。


土地選びでアドバイスを求められたなら、私は次のようにお答えしています。

「優先すべきは、子どもを含めた家族の生活環境です」

「A地区とB地区を比較して、同じような生活環境なのに土地の値段に差があるようなら、安いほうを選びなさい。その差額は子どもの学費に使ったらどうですか？」

無理をしてエリアブランドにこだわるべきではありません。

鉄則
24

土地探しは、施工をする会社に一緒に依頼すべきです

土地探しといえば、即、不動産屋を思い浮かべる人も多いと思いますが、土地を探す前にまずは施工をする工務店を決めて、その会社に土地探しも依頼してください。

というのも、中には家を建てるにあたって、高額な自己負担をしなければならない土地があるのです。


たとえば、昔は水田だったり沼だったり、レンコン畑だったたような場所。こういう場所は、家を建てる前に高額な費用を要する地盤補強を義務付けられる場合があります。

あるいは水道を引くのに長距離の水道管敷設工事が必要な土地もありますし、下水施設が完備されていない場合もある。都市ガスを使用できるのか、あるいはプロパンガス

なのかという問題もあります。

目の前に道路があって、その道路の向こうにしか排水施設がないというような場合は、その道路を横断して排水施設をつくらねばならないし、前面道路に歩道があり、その乗り入れをしていないような場合には、そこの工事費も自己負担となります。

数万円から数十万円の工事費で済むこともあれば、場合によっては数百万単位の工事費が必要な場合もあるのです。

そのあたり、一般の人にはちょっと分からないはずです。しかし、そこまで考えていない不動産屋が多い。とくに、「とにかく売りたいだけ」という姿勢の不動産屋さんは、家を建てるにあたって必要となる工事費のことは教えてくれない。分かっていても言わないのです。

工務店はそこに家を建てるのが仕事ですから、綿密に調査します。そして地盤工事が必要な場合は、きちんと報告します。

土地探しは施工する工務店に依頼！
忘れてはならない鉄則です。

鉄則 25

天然災害、騒音、利便性。周囲の環境は念入りに調査すること

土地選びに環境の調査は欠かせません。

どんな人が住んでいるかという近隣の住民の調査はもちろんのこと、できるなら人の出入りが多い公共施設もないほうがいいでしょう。

葬儀場や火葬場や墓地が近くにあるのを好む人はいないはずですし、氾濫が懸念される河川や土砂崩れが心配な斜面の近辺も避けたいものです。最近の日本は「異常気象」が珍しくないので、そのあたりの調査はますます重要になってくるでしょう。

そのためにも、あえて雨が降る日に購入予定地を視察に行くべきです。

ガソリンスタンドやコンビニエンスストア、あるいは複数の飲食店が近くにあるとい

う土地も騒音に煩わされる可能性があるので、避けたほうが賢明でしょう。

あるいは買い物の利便性。奥様にとっては、買い物は毎日のことです。クルマの運転ができなくて、自転車で買い物に行くとしたら、せいぜい500メートルが限界だと考えてください。自転車でそれ以上の距離を走らねばならないとしたら、ちょっと気の毒です。

途中に急な坂道でもあれば買い物に出かけるのが億劫になってくるはずですし、とくにママチャリに子どもを乗せて買い物に行かねばならないようなお母さんなら、危険性も増します。

お分かりのように、自宅から500メートルの範囲内にスーパーや商店街があるというのが条件のひとつになります。

クルマに乗って買い物に行くにしても、できればデコボコの砂利道などは避けてあげたい。入出庫が楽かどうかというのも、土地選びの条件のひとつなのです。

かといって、前面道路が広くてクルマの出し入れに便利だとしても、子どもがいると危険性があります。
念には念を入れて土地選びをしてください。

鉄則 26

土地探しには妥協も必要です。ただし、旗竿地は避けたい！

エリアや広さによって土地の値段は変わります。

限られた予算で、あまりにエリアや広さにこだわると、新築する家にしわ寄せがきます。理想とはかけ離れた家を建てざるを得ないということになってしまうのです。

とくに、子どもが小学校に入学するまでには建てたいという感じでスケジュールが決まっているような場合には、妥協も必要です。

「土地と家、どちらを妥協すべきか？」

そう質問されたなら、私は、迷わず、

「土地を妥協すべきでしょう」
と、答えますね。

一般的には、駅からの距離が遠くなるにつれて土地の値段は下がっていきます。通勤や買い物は不便になりますが、逆に駅から離れるよさもあります。自然が増えるし、空気も澄んでくる。子育ての環境からすれば、むしろ好ましいのかもしれません。

私がお薦めするのは北側に道路がある土地です。北に道路があれば、当然玄関は北向きになります。となれば、日当りのいい南側に多くの部屋を持ってくることができるからです。

できることなら避けていただきたいのは旗竿地です。
旗竿地とは、自分の敷地に入って行くのに細い通路を通らなければならないような土地のこと。その形状が竿のついた旗に似ているところからそのように呼ばれています。

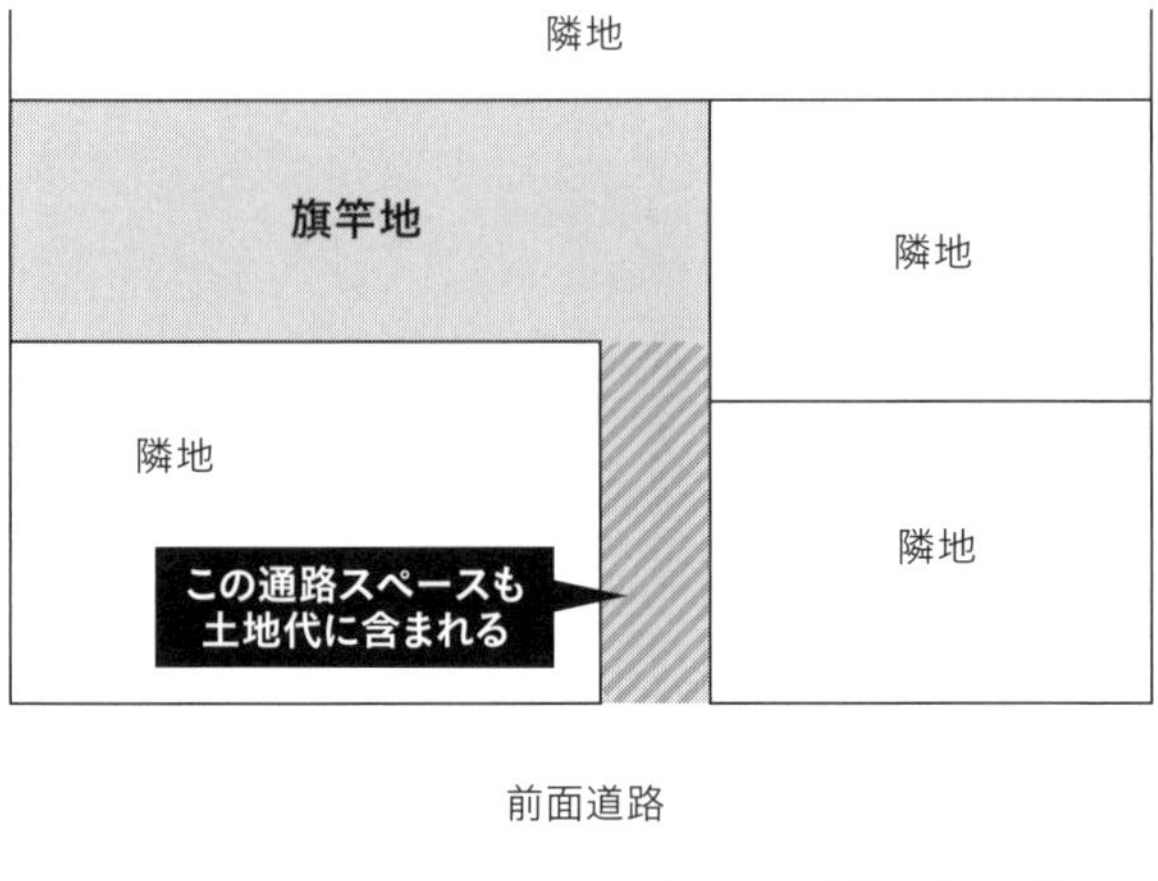

この場合、細い通路も坪数に入りますので、購入費用に割高感がありますし、また、縦列駐車になって出し入れが厄介だという難点もあります。

鉄則 27

「完成保証」という保険を掛けるか否か？ 慎重な判断が必要です

完成保証というのは、2009年に静岡県の某大手住宅メーカーが倒産した時に、多額の着工金を支払っているのにもかかわらず未着工のままの家が約1300戸、施工中だが未完成の家が約800戸も発生し、お客様が路頭に迷ってしまったというトラブルを教訓に、財団法人・住宅保証機構がスタートさせた制度のことです。

一定の金額を支払っておくと、「工事中に業者が倒産しても、最小限の追加負担で家を完成させることができる」という触れ込みで、工務店の中にはお客様にこの「完成保証」という保険に加入してもらうことにより信頼性を担保しようとしているところが多数ありますが、私はお薦めしていません。

詳細は、住宅保証機構のホームページをご覧になって確認していただければいいのですが、端的に言えば、この保険に入っていても支払った着工金が全額払い戻されるわけではなく、戻ってくるのはごく一部だけです。そして、家を完成させるためにほかの工務店に引き継いでもらう際には多額の追加料金が発生します。

完成保証は数万円から数十万円の掛け捨て保険。それを支払う意味があるのかどうか、私は疑問に思っています。

施工を頼んだ工務店が倒産してしまえば、お客様は結局のところ泣き寝入りせざるを得ません。だからこそ工務店は慎重に選んでいただきたいのです。

鉄則 28

工務店に支払う工事料金は、その支払形式に要注意！

家をつくる際のお金の支払い方法は、まず契約時に全体の3分の1、上棟時に3分の1、そして引き渡しの時に残金として残りの3分の1を支払うという方式を採用しているところが多いようです。

前項で紹介した、倒産した静岡の大手住宅メーカーの場合は、契約時に支払い金として7割ものお金を支払っていた人も多かったようですが、これは誰が考えても不自然な契約です。

7割とまではいかなくても、もしも、契約時に3分の1以上の支払い金を要求するような工務店があれば、その会社の経営状態を調べたほうがいいでしょう。

私は、本来は契約時の支払い金は不要だと思っています。

ただし、お客様の気持ちを確かなものにしていただくために、なんらかのけじめが必要。けじめの意味で、契約金は10万円だけ支払っていただいています。その金額で、十分工事は進められます。

後は、工事を実際にスタートさせる時に１割、上棟時に３割、そして戸締りが出来てある程度雰囲気が分かるという「中間時」に３割、引き渡し時に残り３割という支払方法をお願いしています。

いわば、前払いではなく、出来高に応じてお金を払っていただくという感覚。お客様にも納得していただいています。

繰り返し強調しておきますが、契約時に３割ものお金を支払っていただかなくても、問題なく工事は進められるはずです。

鉄則
29

家を建てるのは、いつがいいのか？スケジュールは逆算で考える！

いつまでに家を建てたいか？

各家庭によって、希望する時期はさまざまです。

子どもが小学校に入学する前までにという方もいますし、社宅を出なければならない○月までにはという人もいる。あるいは消費税がアップする前にという方もいます。

細田建築の場合、通常、工期は契約後4〜5か月ですので、そこから逆算して自分たちのタイミングに合わせていただければいいと思います。

ただし、4〜5か月というのはあくまで契約後の工期でして、家族の同意がまだ、希望する家のスタイルも決まっていない、資金計画も白紙の状態などというファミリーの場合、お話をいただいてから契約するまでに数か月の歳月が必要となることもあります。

前にもお伝えしたように、細田建築の場合は、すべての問題をクリアして、「さあ、一緒にがんばりましょう！」という段階になって、初めて契約を交わすからです。

スムーズに、気分良く家づくりをスタートさせるためにも、工務店に足を運ぶ前に、自分たちがやれることはやっておくべきです。

鉄則 30

大工さんのやる気を引き出す心遣いができるかどうかで、家づくりの満足度は大きく変わる！

家づくりをするには設計の段階で間取りやデザインをするのは改めて言うまでもないことですが、実際には図面に収まらないこともあり、現場での微調整が必要になってきます。

あるいはお客様の要望で、設計を急遽変更せざるを得ない場合もあります。

前にも申し上げたように、家づくりは工務店とお客様の共闘作業ですから、遠慮なく注文することです。

ただしそんな時に、ささいなことをやり玉に挙げて延々と文句を言ったり、いかにも「オレは客だぞ」という感じで高圧的な言葉遣いをするようなお客は、大工のやる気を削いでしまいます。といっても、大工もプロですから手を抜くわけではありませんが……。

そんな人に限って、施工を終えてから、

「自分の思いと違う」

クレームをつけることが多いですね。


何かにつけて他社を引き合いに出すお客様も歓迎されません。

たとえば契約の段階で、

「○○社は、食洗機をつけてくれると言ってたよ」

「○○社の場合は、床暖房はサービスだと言ってたけど、ここは違うの？」

などと、口にする方です。


しかしなんといっても一番困るのは、イケイケどんどんで工事を進め、最後の最後になって「お金が足りない」と泣きつく人ですね。

差し入れはもちろん喜ばれますが、缶コーヒーやクッキーなどの差し入れもさることながら、言葉の差し入れも大変に喜ばれます。

ひんぱんに現場に顔を出して、夫婦で、

「私たちの夢がだんだん現実に近づくね」

「楽しみだなあ」

そんな会話を交わし、帰り際に、大工さんたちに

「ありがとうございます」

の一言を投げかけていくカップル。つまり、一緒に家づくりを楽しんでくれるカップルが大工さんをその気にさせるのです。

そんなカップルは、やがて棟梁や若い大工さんとも気さくに会話を交わすようになります。

こうした大工とお客様との密なコミュニケーションは、私も望むところです。

鉄則 31

不安に思っていることと、家づくりの優先順位を紙に書き出せば、頭の中が整理される！

家づくりを成功させるためには、通過しなければならないさまざまな関門があることがお分かりいただけたと思います。

中には、現実を知って不安が増したという方もいらっしゃるかもしれません。

家を建てる場所、頭金やローンのこと、そして素材選びのことなど、不安を感じていることをひとつずつ紙に書き出して、工務店に相談することです。どんなささいなことでも遠慮なく相談してください。

お客様の疑問に答えられないような工務店は、ちょっと問題です。

同様に、家づくりに関して自分たちが譲れないことの優先順位を紙に書き出しておくと、頭の中が整理されます。

譲れないのは建坪なのか、それとも部屋数なのか？

和室続きのリビングは譲れない。
キッチンは、絶対に対面式がいい。
この地区に生まれたから、あまり遠くには行きたくない。
両親の近くに住みたい。

誰にも優先順位があるはずです。
それを提示していただくと、工務店はとても助かります。
１００％は実現できなくても、できるだけ優先順位は生かすようにするはずです。

それが工務店の仕事なのです！

Column 4

パパのひとりごと

朝・夕と寒さを感じる日々が多くなりました。
夏の暑さが恋しく思っているのは、私だけでしょうか？
こんな時は、特に体調の管理に気をつけて
下さいね　ところで体調の管理と言えば！
皆さんは、休日をいかがお過しですか？休日のスケジュール
をしっかり決めて充実させていますか？！
1日、時間が過ぎるのを待っていませんか？　ダラダラ
私は、休日が少ないせいか？？休日には必ず
仕事から離れ休日を楽しみリフレッシュすることに心がけ
ています。それが出来た翌日は、新しいアイディアも
出ますし、仕事もスピーディーに進みます。またアイディアを
出す時は、早朝の時間を使います。いつもより
1時間早く起きて散歩とかすると目に映るものが
新鮮で日々気がつかない事が見えたりします
仕事がうまく進んでいない人はいませんか？きっと
あなたの脳は疲れいるのです。一度秋を満喫する
小旅行にでも出かけてリフレッシュしましょう。
今考え悩んでいることが必らず解決しますよ～～

chapter 5

家づくり43の鉄則③

居心地のよい空間にする

間取りの考え方と設備や収納のひと工夫

収納は多いほどいいのか？
太陽光発電はオススメなのか？
小屋裏とロフトはどちらが便利？

長年にわたって生活していると、
「こうしておけばよかった！」
いろいろと不都合な箇所に気付くはずです。
後悔先に立たず！
事前にライフプランをしっかりとイメージして、
細部にこだわるべきです。

鉄則
32

間取りは、生活スタイルを考えるより、いかにストレスなく動けるか「動線」を第一優先にプランニングする

家の中で、人はどんな動き方をするか？

その動きを線で結んだものを「動線」と言います。

家の中を動きやすい空間にするためには、掘りごたつのある和室がいいとか、寝ながらテレビが見られる寝室がいいといった、いわゆる「生活スタイル」よりも、その動線を考慮に入れた「動線計画」を立てることがより重要になってきます。

設計をするに当たっては、家族それぞれの家の中での過ごし方や動き方をイメージしてください。

たとえば奥さんが炊事、洗濯、掃除などの家事をする「家事動線」をイメージしてみましょう。

あわただしい朝の時間帯には、ガスにやかんをかけてお湯を沸かしながら、洗濯機を回し、リビングに掃除機をかける、つまり炊事、洗濯、掃除を同時並行でこなさなければならないことがあります。そんな時、キッチンの隣に洗濯機を置いた洗面&脱衣室があれば、奥さんは料理をしながら洗濯もすることができます。

洗濯物は干さなければならない。となれば、洗濯物を干す場所が洗面&脱衣室により近いほど便利だということになります。雨の日を考えるなら、洗面&脱衣室の近くに部屋干しのスペースがあると便利でしょう。

晴れている日には2階のベランダに干すとしたら、今度は階段を設置する場所が重要になってきます。

お分かりのように、動きやすさと距離の短縮。これが動線計画を立てる上での大きなポイントです。

1階と2階とを結ぶ階段は、動線計画を立てるに当たって重要なポイントになります。一直線に上って行くタイプや曲がりながら上っていくタイプ、あるいは螺旋階段など、階段の形状はさまざまですが、私がお薦めしているのは畳1畳ほどの踊り場がある階段です。

両手に洗濯物満載のかごを抱えて2階のベランダに向かうような時にはここでひと休み。小さなお子さんが階段で足を滑らせたような時、この踊り場が身体を受け止めてくれますし、とくにシニア層にとっては、広い踊り場が昇降を楽にしてくれるはずです。

曲がりながら上がっていく階段は、踊り場のスペースが
広いほうが昇り降りが楽にできる。

鉄則 33

太陽光発電はローンを組んでまで導入すべきではありません

今、太陽光発電はちょっとしたブームになっていて、ソーラーパネルを設置しないと、なんだか損をしてしまうような印象さえ受けてしまいます。

確かに太陽光発電はCO_2の削減に協力し、それは地球環境の保全につながります。政府の唱える再生可能エネルギー政策にも貢献することになることから、2011年8月には「再生可能エネルギー買取法案」が可決し、家庭で使用した分の余剰電力は電力会社に買ってもらえることになりました。

設置する時には政府から10万円程度（注・規模によって異なる）の補助金も出ます。いいことづくめのように感じられ、今や太陽光発電そのものがブランド化してしまっている感じです。

しかし、設置するに当たっては冷静な損得勘定が必要です。

ソーラーパネルは家の外観に影響を与えますし、巨大な物体を載せるわけですから、屋根には過大な負荷がかかってしまいます。

そして何より問題となるのは「お金」。よほどの余裕資金がある人がキャッシュでソーラーパネルを設置するのなら、確かに得かもしれません。遊んでいる土地があり、そこにソーラーパネルを設置する場合も同様にお得感があるはずです。

ところが多くの人は、ローンを組んでソーラーパネルを取り付けているのです。ローンを組めば金利を払わねばなりません。支払う金利と、太陽光発電が稼いでくれる電気代を比較した場合、得をするとは思えません。

太陽光発電を希望するお客様に対しては、私は次のようにアドバイスしています。

「たっぷりの余裕資金があり、キャッシュで取り付けるならいいでしょう。でも、ローンはおやめなさい。住宅ローンを抱えた上に、またローンを組むおつもりですか?」

鉄則
34

その収納にはいったい何を入れるのか？具体的にイメージしないと意味がない！

収納スペースといえば、誰でもまずキッチンを思い浮かべます。食器や料理器具や調味料。キッチンに収納は欠かせませんよね。

玄関には靴、子ども部屋にはおもちゃや絵本、あるいはウォーク・イン・クローゼットには小物を入れておく収納がほしいはずです。

脱衣室にもシャンプー、リンス、歯磨き粉などのストックを置いておく収納があれば便利ですし、トイレには買い置きのトイレットペーパーや消臭剤などを置くスペースが欠かせません。

とくに女性はたくさんの収納を希望されますが、めったやたらにつくるのではなく、設計の段階で「その収納にはいったい何を入れるのか」をイメージして、工務店に依頼することです。

といっても皆さんは初めて家づくりを体験するわけですから、どの部屋にどの程度の収納が必要になるのかということが的確にイメージできないはずです。

そこでものを言うのが担当者の経験です。

自分の家を持っている社長や営業マンの意見は参考になる。あるいは、第3章で紹介した30代以上の営業ウーマンのアドバイスは痒い所に手が届くので、大変参考になるはずです。

収納に関してどこまで的確なアドバイスをしてくれるかというのも、工務店選びの重要な選択肢のひとつです。

鉄則
35

玄関をいつまでもスッキリした空間にしたいなら、広めの造作収納は必要不可欠です

収納の中でも作り付けの収納のことを「造作収納」と呼び、どの工務店も力を注いでいます。造作収納は素材や色を選べますし、規格サイズがないのでどんな間取りや寸法に合わせることも可能。また、建物に取り付けますので、耐震性にも優れています。

キッチンには料理器具や食器を収納する造作収納が欠かせません。雑多なものが持ち込まれ、部屋の中でも一番片づけにくいリビングの造作収納は「見せる収納」を意識したラックやシェルフ（注・おしゃれな棚）が多用されます。

その他、洗面室や子ども部屋にも造作収納は多用されますが、私がとくにお薦めして

いるのが玄関の造作収納です。

玄関にはどこでも靴箱が用意されていますが、家族が増えるにともなって靴の数が増え、靴箱には収まりきらなくなってしまいます。その結果、下手をすると玄関口に足の踏み場もないくらいに靴が溢れてしまいます。

「生活感があっていい」と言えばそれまでですが、正直言ってあまり見栄えのいいものではありません。とくに急な来客があるような場合には、奥さんは大慌てで靴箱に押し込みますよね。

それを避けるために、私は玄関の横に家族用の靴の着脱スペースを設け、そこに靴を入れる大きな造作収納を設置することを提案しています。

ちょっとした小料理屋の玄関を思い浮かべるといいでしょう。

玄関はあくまでも来客用のもので、家族は隣のスペースの靴箱に靴をしまい、そこから部屋に上がる仕組みになっています。

玄関に大きな造作収納！　家の顔とも言える玄関口をいつもクリーンに保つアイディアです。

鉄則 36

断熱材やサッシにかける費用だけはゼッタイに惜しまないこと

断熱材やサッシに不具合があると、夏は冷房が効きにくくて暑いし、冬は寒くて結露が生じたりしますので、ここだけは費用を惜しまないことです。

念のため、工務店に対して、

「断熱材とサッシは最良のものを使用していますか？」

と確認し、

「ここだけは費用を惜しまないでください」

念押しするといいでしょう。

参考までに、サッシの枠がアルミの場合は温度に敏感なので結露しやすいし、樹脂製の枠は外気温が伝わりにくいので結露しにくいという特徴があります。

また、ペアガラスにしたり、空気層を厚めにする工夫をするという技術がありますし、窓ガラスに「ローイ」という塗装をすると、室内への太陽光の侵入がカットされます。

「断熱材とサッシは最良のものを使用していますか？」

遠慮なく質問しましょう。

鉄則 37

脱衣所のタオルバーは思い切って通常の4倍の長さにすれば使いやすい！

タオルバーの長さというのは、意外な盲点です。

通常、タオルバーはバスタオル1枚、せいぜい2枚分のスペースしかありません。新婚時代なら1枚のバスタオルを共有するのもいいかもしれませんが、家族が増えるとそうはいかなくなる。子どもが成長すると、朝の洗面の後やお風呂上がりには人数分のバスタオルが必要になるはずです。

かといって、必要が生じてからタオルバーを増設しようと思っても、脱衣室が狭くてスペースが見つからないという場合が多いものです。

こうした不都合を避けるため、あらかじめ通常の4倍ほどの長さのタオルバーの設置を依頼するといいでしょう。

また、あわただしい朝の洗面を考えますと、タオルバーは顔の高さに設置しておくと便利です。

脱衣所には、家族分のバスタオルがかけられるタオルバーがあるとかなり便利。

鉄則
38

同じ子ども部屋でも、男の子と女の子とでは仕様が異なる

子どもは、中学生くらいになるまでは自分だけの部屋というのは必要ないはずなので、最初はご主人の書斎や奥様の作業部屋として活用し、年ごろになったなら明け渡すという考え方でいいと思います。

ただし、男の子か女の子かによって、部屋の向きだけは意識しておいたほうがいいでしょう。

「ほんわかした、温かみのある女の子に育って欲しい」

そうお望みなら、部屋は南東にすべき。

「繊細で、シャープな男の子に」

と願う方は、部屋は北東にしてあげるべきでしょう。

また、

「北東の部屋で育った男の子は親を超える」

「南西の部屋で育った女の子は良妻賢母になる」

という言い伝えもありますので、ご参考までに。


いずれも風水にかかわることで、大工の棟梁クラスになると、そのあたりの知識が豊富な人が多いようです。

鉄則
39

小屋裏収納は、そのうち屋内のゴミ捨て場に。ロフトなら気軽に出入りできて、開放感も得ることができます

小屋裏収納とロフトが人気ですが、「どちらがいいでしょう？」と質問されたなら、やや費用はかさみますが、私は断然ロフトをお薦めします。

小屋裏収納というのは、通常は目に見えない場所なだけに、どうしても不用品の置き場になってしまいがちです。不用品の置き場があるから、さほど必要のないものもついつい買ってしまい、ますます不用品が増えてしまう。気付いたら、小屋裏収納は不用品の山になっているのが現実で、そのスペースを上手に使いこなしている方は、なかなか見当たりません。

それに小屋裏収納の不安定な折り畳み梯子を昇降するのは危険ですし、部品が劣化すると事故につながります。

一方、天井部分を取っ払ってしまったロフトは開放感があり、目に付く場所なだけに整理整頓をせざるを得ません。

気軽に出入りできますし、場合によってはご主人の書斎としても活用できるはずです。

鉄則 40

家をつくるなら、ぜひ知っておきたい「下請け」と「総請け」の違い

全国的な知名度があるハウスメーカーの多くは、実際の施工を地元の中小工務店にまかせています。中には二次請けや三次請けもあり、そのたび中間マージンが発生。それが、ハウスメーカーがコスト高になる一因でもあります。

細田建築も下請け仕事をしていた時代があります。

創業して5年が経過したころ、名古屋駅で『JRセントラルタワーズ』、通称・ツインタワービルの建設が始まりました。

その時、ボーイスカウトの先輩で、店舗建築の請負をやっていた人から、

「おい、人手が足りないから、ちょっとやってみないか」

と持ちかけられたのが、ツインタワービルの中にある『マリオットホテル』3フロア分の工事です。

客室数は20くらいありましたかね。メジャーどころの仕事ですから、これをこなせば細田建築の認知度は一気にアップします。

喜んで引き受けました！

名誉ある仕事ではありますが、その分、客室の仕様は寸部の狂いも許されません。もう、スタッフ全員がかかりっきり。ほかの仕事を請ける余裕などありません。

マリオットホテル客室の工事期間は約半年間。

おかげさまで、一次請けのゼネコンさんにも気に入られまして、マリオットに入居している日本料理屋の鉄板焼きコーナーや、高島屋百貨店の仕事もやらせていただきました。

下請け仕事というのは、すべてお膳立てが出来上がっていて、青写真に従って間違いのないように仕事をこなすだけですから、楽といえば楽です。ただし、自分の意見とかやり方が入り込む隙間もない。工程通りの道のりを歩くだけですから、寄り道や、立ち止まってふと考え込む、あるいはいったん後戻りして歩いた道を再びたどってみるという面白みはありません。

わき目も振らず、ただただゴールに向かって歩くだけなのです。

時間がたつにつれて、明らかに仕事に対するモチベーションが下がっているのを感じました。

ここは判断に迷うところです。

小規模とはいえ、工務店を経営するからには、従業員とその家族を食べさせていかねばならないという責任があります。ツインタワービルの工事を通じて培った大手ゼネコンとのコネクションを生かせば、仕事には不自由しませんし、売り上げも計算できます。経営が安定するのです。

でも、何かが足りない！

私は大工上がりです。

大工というのは、改めて言うまでもなくクリエーターなのです。そしてクリエーターというのは、自分の意見ややり方で仕事をこなしたい。その独創性に満足感を覚えるものなんです。見方を変えれば、大工のエゴイズムという言い方をされる方もいるかもしれません。

あれこれ迷ったのですが、結局はマリオット関連の仕事を終えた時点で、その後持ち込まれた請負仕事はお断りし、地元・一宮市に根を張って、住宅、店舗を問わず、「総請け」の仕事を専門に手がけることにしました。

住宅であれ、トンカツ屋や寿司屋のチェーン店であれ、自分のところで請けた仕事を、自分たちで設計し、責任を持って最後まで自分たちでこなすというのが「総請け」の仕事です。

鉄則 41

36坪の家でも、1398万円で建てることができる理由

細田建築が作成するチラシには、

『36坪　1398万円』

という活字が躍っています。

じつは、数年前までは同じ36坪でも「1698万円」という金額が売り物でした。

これ自体、決して高い金額ではありませんが、どうにもお客様の食いつきがパッとしません。

しかし私としては、地域ナンバーワンの工務店を目指したい！

それが本音です。

そのためには、どうすればいいのか？

私たち細田建築のメインターゲットは、いわゆる団塊ジュニアと呼ばれる世代です。今、30代半ばから40歳にかけての人々。一宮市の人口ピラミッドで見ても、一番人口の多い世代です。

私たちは、この世代を対象に市場調査を試み、購入可能な金額を算出してみました。その結果が1698万円という金額だったのです。

しかし、思うような結果が出ない。

どうすればいいのか？

結局、ものを言うのは値段です。

そこで今一度、1698万円という金額を洗いなおしてみました。

これ以上に値段を下げるのは、果たして可能なのか？

私も元大工です。職人としてのプライドは体内に染み込んでいます。

だから、たとえ値下げしたとしても、仕様の質を落とすような真似だけはできません。

素人さんの目はごまかせても、プロの大工の目は欺けない。「あいつ、仕様を手抜きして、コストを抑えたな」などと評価されるくらいなら、私はいっそこの仕事を放棄します。

そうではなくて、プロの大工に「あいつ、よくやれるよな、あの値段で」と評価されるのが私の望みです。

では、どうするか？

まず最初に、１３９８万円という値段を設定してみました。

はい、３００万円の値下げです！

これは他社と「相見積もり」をしても絶対に負けない数字。もっと言えば、地元のほかの工務店の標準仕入れ価格なのです。

その上で粗利を計算しますと原価が算出されますので、値下げ分を業者さん各位が１５０万円負担、会社１５０万円負担。それを企業努力でカバーしています。

「なんとか納得していただきたい」

私はすべての業者さんにお願いに出向きました。

「値下げを承諾していただけたなら、年間20棟の仕事をお願いできます。これはお約束しますから……」

当時の細田建築の実績は年間5〜6棟。値下げを納得していただいたなら、これを20棟に増やす。つまり、値下げしてもらった分、仕事の依頼を増やして穴埋めするという取引をもちかけたわけです。そして、最後には必ず

「明日の仕事の心配がないように、細田建築はがんばります。私を信用して、ついてきてもらえませんか」

そう言いながら、頭を下げました。

必死さが伝わったのでしょうか？

すべての業者さんが私についてきてくれました。

もちろん、年間20棟という約束も果たすことができました。

そのころの業者さんとは今でも親しくお付き合いをさせていただいていて、年に一度

は会社の慰安旅行にもお誘いしていますし、忘年会に新年会、お花見の会にと、何かにつけ大騒ぎしています。

みんなが喜んでいるのを見ると、それだけで私はうれしくなってしまう。そのあたり、ボーイスカウトの時代と何も変わっていません。

これはお客様に対してでも同じです。

上棟式や引き渡しの時のお客様の喜ぶ顔が、私たちのやる気を後押ししてくれるのです。

鉄則
42

家族が喜ぶ家をつくるなら とくに意識して実現させたい 5つの「快適さ」

家をつくるに当たって、私が大切にしているのは次の5つの快適さです。

まずは、「住環境と、家屋の構造」の快適さが求められます。

とくに細田建築が本拠を置く一宮市周辺は、小鳥や虫の鳴き声、あるいは四季の草花の変化を身近に感じ取ることができる恵まれた環境です。

できることなら、そんな季節の移ろいを実感できる場所に家を建てていただきたい。

そこに建てる住宅は、間取りや採光、風通し、耐震構造などを含めて快適な日常生活を約束できるものでなければなりません。

お客様は構造見学会や完成見学会を通じて、快適さを実体験できるはずです。

２番目に意識したいのは、無駄のない「動線」。いわば、動線の快適さです。ここではキッチン、リビング、浴室などの配置のほかに、階段の設置場所や踊り場の仕様も大きくものを言います。

３番目は各部屋の温度差です。断熱材やサッシを含めて、外気温との温度差、あるいは各部屋の温度差に十分配慮をした家づくりでなくてはならない。とくに高齢者のいるご家庭では、ヒートショック対策が万全でなくてはなりません。

４番目は「便利さ」。駐車場と勝手口の距離をはじめとして、ちょっとしたニッチを活用して鍵やケータイの置き場をつくるなどのきめ細かな配慮が肝心です。

５番目に求められる快適さは、住宅ローンの支払い方法でしょう。決して無理はしない。たまには家族でハワイ旅行ができるようなゆとりある資金計画が求められます。

鉄則 43

感謝の心を常に持ち、「ありがとう」と声に出すことが幸せなマイホームを導いてくれます

私がまだ20代前半で見習い大工をしていたころ、家が完成して引き渡しを終えた後でお客様からいただいた、

「いい家をつくってくれてありがとう！」

という一言が、いまだに忘れられません。

そのお客様は70歳を過ぎた熟年男性で、まさに自分の人生の総決算だという覚悟で家をつくられたわけですが、感謝の意を棟梁に伝えるのならともかく、私のような駆け出し、見習い大工にまで「ありがとう」という言葉を投げかけてくれたのでした。

材木を運び、鉋をかけて、ほぞを打つ！
汗をかいて仕事に励めば、誰かに感謝される！
家づくりというのは、なんとやりがいのある仕事だろうと感激しました。

「ありがとう」の一言は、エネルギーを生む言葉です！

あの日以来、私は、お客様はもちろん、周囲のスタッフに対しても、「ありがとう」という感謝の言葉を大切にしています。

おわりに

お客様に教えられたこと

今から4年ほど前。私は、工務店を経営するにあたり、「施工店」から「営業店」への脱皮をはかりました。

これが、細田建築のひとつの転機でした。

きっかけは、一宮市在住のお客様・A氏の一言でした。

A氏のお宅を受注するにあたり、細田建築は他のX社と競合、つまり「相見積もり」

をしていました。A氏はご年配の方でしたが、最後の最後になって、私に、次のように言われたのでした。

「あなたの会社はX社と比べると、値段はだいぶ安い。それに材料もいいものを使っていることも知っています。しかし、あなたの会社は何もかも細田さん、あなたが自分でやっとるでしょう。このままやと、忙しくなった時に、現場仕事がどうしても手薄になるでしょ」

そして、A氏はX社に仕事を依頼されたのです。

私は、ハッとしました！

確かにA氏のおっしゃる通りです。

私が先頭に立ち、コーディネーターも現場監督も、そして営業も何もかもやろうとしたのでは限界がある。下手をすると、どの仕事も中途半端にこなしてしまう。私はA氏に指摘され、目が覚める思いでした。

ここでいうコーディネーターとは、壁や壁紙の色、室内の各種仕様などのアドバイスをする仕事でして、当時は、そんなことまで私が陣頭指揮をとっていたのです。

A氏の指摘に痛み入った私は、3名の社員を新たに雇い入れました。現場監督とコーディネーターと営業マン。

そして、私は営業に力を入れ、彼らにはそれぞれの分野のプロとして専従してもらうことにしました。

細田建築は「施工店」から「営業店」へと脱皮したのです。

それにしても、お客様には何かと大切なことを教えられます。

営業マン・細田俊美のアイディア

細田建築では、完成見学会にご来場いただいたファミリーは、新築家屋の玄関口で撮影をさせていただき、その写真を刷り込んだファミリーカレンダーをつくってプレゼントしています。

ついでといってはなんですが、その写真を会社の壁にペタペタと貼っています。

これは、「営業マン・細田俊美」のアイディアです。

というのも、私は人様の顔がなかなか覚えられないのです。

とくに、完成見学会に一気に多数のお客様がお見えになった時には、誰が誰だか分からなくなってしまいます。これは失礼なことです。

そこで、撮影した写真を貼ることにしました。

これだと、毎日のように目にするわけですから、いやでも覚えられる。「ああ、あのファミリーは二度目だな」と、きちんと認識できる。もの覚えがよくない私の窮余の一策なのです。

新規のお客様やOBの方々に向けて、ときおり『パパのひとりごと』と題した手書きの手紙をお送りしています（注・本書のコラム参照）。

これはいわば私の身辺の出来事を記した雑記帳のようなもので、家づくりのヒントになるわけではありませんし、節約生活のヒントになるわけでもありません。つまり、これを読んでいただいたからといって、おなかがふくれるわけではありません。

しかし私はこの手紙をお送りすることにより、一度でもご縁のあったお客様とのつながりをいつまでも保っていたいと思っているのです。それがのちのち仕事につながるとしたなら、こんな幸いはありません。

ワープロ原稿では味気ないだろうと思い、あくまでも手書きの原稿を意識しています。私は、メールよりも電話をいただくほうがうれしい。電話よりも手書きの手紙やハガキをいただくのがうれしいというアナログタイプの人間です。だから、あえて手書きというアナログの手法で身辺の出来事をお伝えしています。

そしてこれも、「営業マン・細田俊美」のアイディアなのです。

営業マン・細田俊美は以下の方針を曲げません。

立派な展示場は持たない
豪華なカタログは持たない
テレビＣＭは流さない

お客様にも家づくりに参加していただく

最後まで読んでいただき本当にありがとうございます。

本書はたくさんの人のお力の上に完成することができました。今の私は、「本当にたくさんの人たちのおかげで生かされています」

まずは今日の出版を進めていただきました日本ビルダーズ㈱の代表である森下社長。私は森下社長に出会い、信じて付いていき、人生が変わりました。今まで人を尊敬したことのない私が唯一尊敬している人です。感謝しています。そして、多くのアドバイスをくれた山際さん、高野さん、日本ビルダーズのスタッフの方たち、編集の古村さん、執筆にあたり私の伝えたい言葉を整理していただいた江本さんに感謝したいと思います。

また、いつも私と共に「家づくり」をしてくれる会社のスタッフのみんな、留守が多くてごめんな。私の夢に賛同してくれてありがとう。絶対にみんなでハワイ行くぞ。

そして、最後に私の人生を支えてくれている家族へ感謝します。
ありがとう。

２０１３年11月

細田俊美

デザイン　北路社
執筆協力　江本正記
編集　クリーシー（古村龍也）

細田俊美

1961年愛知県生まれ。

愛知県一宮市で工務店を経営する、熱血社長。日本ビルダーズが運営する「工務店活性化プロジェクト」入会をきっかけに、年間５棟前後だった施工件数を、わずか３年で年間50棟を超える工務店に急成長させる。家づくりに対する"熱く謙虚な気持ち"があれば、たとえ貯金がない人であろうと、家計簿のつけ方から夫婦円満に暮らすためのコツなど、家づくりにとどまらない親身なアドバイスで、そこに暮らす家族が幸せになれる家づくりに日々励んでいる。たとえ完成見学会に来たお客様でも、家づくりに対して中途半端な考えをしていたら、自らお断りする厳しい一面もあるものの、すべては家を建てたせいで不幸になる人を増やしたくないため。マイホームをブランドのバッグを買うような感覚で建てた挙げ句、ローンに追われ、海外旅行にも行けなくなるような「不幸な家」を建てさせないのが信念。
◎㈲細田建築　http://www.hosoda-kenchiku.jp

パパの月収25万円でも、
家族が幸せになるマイホームの建て方
家づくりとハワイとルイ・ヴィトン

2013年11月20日　初版印刷
2013年11月30日　初版発行

著　者　細田俊美
発行者　小野寺優
発行所　株式会社河出書房新社
〒151-0051　東京都渋谷区千駄ヶ谷2-32-2
電話　03-3404-8611（編集）03-3404-1201（営業）
http://www.kawade.co.jp/
印　刷　モリモト印刷株式会社
製　本　小泉製本株式会社

Printed in Japan　ISBN978-4-309-92005-4